怨・狂・異の世界

日本思想ひとつの潮流

綱澤満昭

風媒社

怨・狂・異の世界

——日本思想ひとつの潮流

【目次】

序にかえて　「鬼」のはなし―酒呑童子―

『御伽草子』（下）（市古貞次校注　岩波書店、昭和六十一年）の「酒呑童子」は、次のようにはじまる。

「昔わが朝《てう》のことなるに、天地開けしこの方《かた》は、神国といひながら、又は仏法盛んにて、人皇《にんわう》のはじめより延喜《えんぎ》のみかどに至るまで、王法《わうぼふ》ともにそなはり政《まつりごと》すなほにして、民《たみ》をもあはれみ給ふこと、尭舜《げうしゅん》の御代《みよ》とてもこれにはいかでまさるべき。」

日本は元来、神の道を軸とした国であるが、仏の道をも十分取り入れ、両者が調和して、平和な世の中が続いてきた。これはあの中国の理想の時代よりももっとすぐれた世の中であった。「酒呑童子」のストーリー全体は、この『御伽草子』にゆずるとして、その要旨のみを拾っておこう。

こういう平和な世の中にも、突如として世間を混乱させ、人心を恐怖の底に沈ませるような不気味な事件がおきることがある。美しい姫たちが次々とその姿を消してしまうという事件がおきたのである。まるで神隠しのように。

たとえば、池田中納言国隆の一人娘が、ある日の暮れ方、突如姿を消したのである。一人娘を失った父親は嘆き悲しみ、陰陽師の占いにすがるほかなかった。陰陽師の占いによれば、丹波の大江山というところに住む鬼どもの仕業にちがいないということがわかった。中納言はそのことを帝に申し上げた。そのことを案じた帝は源頼光を鬼討伐の責任者に指命した。頼光のほか、藤原保昌、碓井貞光、卜部季武、渡辺綱、坂田公時が選ばれた。大江山に向う途中、頼光らは翁三人（住吉、八幡、熊野の神々が翁となっていた）に逢い、助言をいただき、「神便鬼毒酒」（鬼が飲めば神通力を失い、人間が飲めば薬になる）なるものをいただいた。

さらに進むと、川辺で血のついた布を洗っている娘に出逢う。その娘は鬼の恐怖を語り、ただ、ただ、さめざめと泣くばかりであった。

いよいよ鬼の館に到着した頼光らは、酒呑童子の厚意で彼に逢うことができた。縁側で待っていると、童子は次のごとく現われたのである。

「その後《のち》なまぐさき風吹きて、雷電稲妻《らいでんいなづま》しきりにして、前後を忘《ばう》ずる其中《その》に、色薄赤くせい高く、髪は禿《かぶろ》におし乱し、大格子《おほがうし》の織物に紅《くれなゐ》の袴《はかま》を着て、鉄杖《てつちやう》を杖《つゑ》につき、辺《あたり》をにらんで立つたりしは、身の毛もよだつばかりなり。」（同上書）

頼光は言葉たくみに、私たちは道に迷った山伏だとウソをつき、懐から「神便鬼毒酒」を取り出し、童子に渡す。童子はこれを聞いて信頼し、頼光らのために、宴会を開いてくれた。頼光たちは生き血も飲み、人肉もうまそうに食った。杯を重ね酔いがまわった童子は調子にのって出自などを語りはじめる。

「本国は越後《ゑちご》の者、山寺育ちの児《ちご》なりしが、法師にねたみあるにより、あまたの法師を刺し殺し、その夜《よ》に比叡《ひえ》の山に着き、我《わが》すむ山ぞと思ひしに、伝教《でんげう》といふ法師仏《ほとけ》たちを語らひて、わが立つ杣《そま》とて追ひ出《いだ》す。力及ばず山を出で、又此峰《このみね》に住みし時、弘法大師《こうぼふだいし》といふえせもの、封《ふう》じてここをも追ひ出《いだ》せば、力及ばぬ処に、今はさやうの法師もなし。高野《かうや》の山に入定《にふぢやう》す。今又ここに立ち帰り、何の子細《しさい》も候はず。」（同上書）

神便鬼毒酒をたらふく飲まされた酒呑童子は、ついに酔いつぶれ、頼光に首をはねられる。

その時の注目すべき童子の叫びがある。

「鬼神眼《きじんまなこ》を見開きて、『情《なさけ》なしとよ客僧たち、いつはりなしと聞きつるに、鬼神に横道《わうだう》なき物を』と、起き上《あが》らんとせしかども、足手《あして》は鎖《くさり》に繋《つな》がれて、起くべきやうのあらざれば、お声《ごゑ》をあげて叫ぶ声、雷電《らいでん》、雷《いかづち》、天地も響くばかりなり。」（同上書）

頼光らを信用していた酒呑童子は、人間どもの狡知にしてやられた。一泊の宿を提供し、歓迎の酒宴まで開催した童子の善意は無視され、ついに首をはねられたのである。

この酒呑童子伝説が、英雄の怪物退治譚であることはいうまでもないが、しかし、この物語を読んだ読者が、かならずしも頼光に軍配をあげているとはかぎらないのである。どことなく読む人、聞く人は、酒呑童子をはじめとする鬼どもに、同情心や、哀愁の念を禁じえないのではないか。

謡曲『大江山』などは、酒呑童子を極悪の鬼として描いてはいない。

桃太郎伝説とこの酒呑童子の話を比較して、次のようにいう人がいる。

「謡曲の酒呑童子は『シテ』の役であり、御伽草子のタイトルも、討たれる鬼の名をとっている。これは討たれる鬼への思い入れによるものだが、同じ鬼退治譚でも、桃太郎の場合はちがう。桃太郎の話では、討つ側の桃太郎が主人公である。鬼は悪者とされ、桃太郎は一方的に鬼の住む島に攻めこんで彼らを殺し、財産を奪いとってくる。鬼に対しては、何の同情もみられない。……（略）……『大江山』の作者（世阿弥または宮増）らは、室町幕府御用の芸能者だが、彼は漂泊芸能民の頂点にいた存在で、同類の多くは、天皇の『オオミタカラ』といわれる定着農耕民から差別されていた。彼らは、謡曲で『山育ち』といわれる酒呑童子と、五十歩・百歩の存在であった。その彼らが作った話だから、平地の公民たちによる桃太郎譚と比べて、鬼への思いが違うのである。」（大和岩雄『鬼と天皇』白水社、平成四年）

民衆はこの世で、最も悪質で、獰猛な支配権力の存在を知っていた。この悪質な権力者の贅沢三昧を支えているのは、血のにじむような日常を強いられているわれわれの側であることを自覚していたのは当然のことであった。

支配者たちによってつくられた社会規範は、民衆の側にとっては、いかんともしがたい鉄のルールであった。この強力な体制に対峙するためには、鬼のもつ超人的暴力、威力を借りて権力の前に立ちはだかり、あわよくば鉄槌をくだしたかったにちがいない。

酒呑童子にしてみれば、住処を追われ、仏教にしてやられ、政治にやられ、徹底的にうちのめされ、排除されてきた。このくやしい感情たるや、尋常であろうはずがない。

酒呑童子をはじめとする鬼たちのこの心情は、常に差別され、排除され、虐待されてきた民衆自身のそれであった。

酒呑童子は超能力を持ち、暴力もふるうが、人間のように他を騙したりはしない。「鬼神に横道なし」といっているのである。

鬼は民衆の側からすれば、排除したり、討伐してすますような存在ではなかった。

権力というものは、いつの時代も強力ではあるが、その強力を維持するためには、権力に屈する鬼を必要とした。しかし、また民衆の側も、闇のなかに巣くう得体の知れない鬼に期待するところがある。

理不尽な敗北を余儀なくされた人たちが、いつまでも辛酸をなめ、敗北の世界に埋れていていいものか。そうではあるまい。

彼らは勝者に対し、反逆の機の熟すのを静かに待っている。昼の世界に生きる勝者たちを夜の世界に引きずり込む機会をねらっているのである。

『御伽草子』の「酒呑童子」にしても、タテマエとしては、鬼を極悪の象徴として描き、討伐することへの賛辞を惜しまない。しかし、ホンネの部分では、鬼の登場を待ち望んだり、鬼の強力なパワーに喝采をおくっているようにも思われる。

叩かれ、蹴られ、踏みつけられる民衆の日常的不満は、尋常な手段で解消されるものではない。馬鹿な権力者でも、現実世界のルールに従えば、勝利するにきまっている。

この現実世界の規矩を打ち破るには、鬼の「呪力」がいる。非日常的パワーを期待する以外にない。

「情なしとよ客僧たち、いつはりなしと聞きつるに、鬼神に横道なき物を」とは、いったい誰の叫びなのか。権力にものをいわせ、弱者の生き血を吸って太ってゆく狡知にたけたやつらにたいする、鬼の名を借りた民衆の肉声ではなかったか。

酒呑童子の正体をめぐっては、多くの風説がある。酒呑童子を修験者とする説、大江山が鉱山地帯でもあったということから、鉱山の所有者が童子で、王権はこの大江山鉱山地帯をわがものにしようとして、源頼光を利用したという説。漂流して日本列島に流れ着いた外国人説。血を飲むというのは、その外国人の赤ワインではなかったかというもの。さらに疱瘡という疫病だとする説など諸説紛々としている。

いずれにしても、酒呑童子は、農本国家の枠からは、はみだしている存在で、国家内部の人間からすれば、差別の対象であると同時に、恐怖の対象でもあった。鬼がつくっている世界の規矩、風俗の特徴は、農本を軸とする社会のそれとは大きく異なっていた。

ところで、酒呑童子には、どのような特徴があるのか。出自からみてゆこう。

『前太平記』の「酒呑童子退治事」のなかに次のような文章がある。

「彼本性は、越後国、何某の妻、胎める事十六箇月にして産に臨む、苦む事甚くして、終に産み得ず、悶え死にけり、母死して後、胎内より自ら這ひ出でて、誕生の日より能歩み、言ふ事、四五歳の児の如し、……(略)……父も流石に恐ろしく覚えて、遂に幽谷の底に棄てけり、されども狐狼の害も無く、木実を喰ひ、谷水を飲みて生長し、其長八尺有余にして、力飽くまで逞しく、……(略)……何れ人間の種とも見えず、されども童子の如く、通力は得ざれども、怪力強盛なる事、誠に無雙なり、又童子を好む事、法に過ぎたり、一度に飲む事、甕に満たざれば酔はず、酔ひぬれば顚倒悶絶して、通を失い力を落す、之に依て酒顚童子と呼べり、」(『通俗日本全史』第二巻、早稲田大学出版部、大正元年)

英雄の生誕、生育を普通の人間のそれと区別し、奇怪な道筋をつけることは、よくあることである。母親の体内に異常にながくいるということは、鬼の大きな特徴の一つである。生れ落ちるや否や、一人で歩き、走る。頭髪は黒々としていて肩あたりまでのびていて、歯は上下とも揃っている。

英雄、豪傑として知られる弁慶の生誕なども次のようにえがかれている。

「生まれ落ちたる気色は、世の常の二三歳ばかりにて、髪は肩の隠るる程に生ひて、奥歯も向歯も殊に大に、一口生ひてぞ生まれたる。別当にこの由申しければ、『さては鬼神ござんなれ。彼奴を置きては、仏法の仇となりなん』と、『水の底に柴漬にもし、深山に磔にもせよ』とぞ宣ひける。」(『義経記』〈日本古典文学全集31〉小学館、昭和四十六年)

このようにして生れた子にたいして、しばらくは親が愛情を示すが、そのうち親も恐怖をもってわが子を見るようになる。将来が案じられるということで、多くの場合、深山に捨てられる。つまり「捨て童子」である。

しかし、捨てられても、虎狼の害に遭うこともなく、木の実を食い、湧き出ずる清水を飲み、動物と戯れて成長する。つまり、自然の懐に抱かれながら、強靭な若者になってゆく。

鬼を討伐する側においても、異常生誕の話は多く存在する。超能力を発揮する怪物、英雄の生い立ちを説明する場合、この異常生誕は無理なく人の心に入る。向う方向は別としても、強力なエネルギーの根源にこのことは必要なのである。

それが何であろうと、異常なものから生まれ、継承された神がかり的、野性的エネルギーに、人々は驚愕し、憧憬と恐怖の念を同時にもつ。

あるときは、ムラにふりかかる災害や疫病による不幸を彼らのせいにし、集中砲火をあびせる。また、あるときは、日常の被支配的状況からくる苦渋を晴らしてくれる味方のエネルギーとして、それを高く評価し、依存してゆく。

神や自然によってつくられたその超人的能力は、根は同じであっても、成長の過程で揺れ動き、変容してゆく。鬼にもなれば、英雄にもなる。

そして、その両者は対立しながらも共存し、共存しながらも対立するということを繰り返す。繰り返しながら歴史にかかわってゆく。

抜きんでることを忌み嫌うムラの秩序は、特殊能力をもった子どもは押え込まざるを得なかった。

次に酒呑童子の特徴としてあげられるのは、平地人ではなく山人的風貌である。そのことは当然のことであるが、漂泊性、鉄生産性をともなうことになる。

平地人にとって、山という空間は、未知の世界であり、異質の空間であった。その異質の空間には、いかなる人間が住み、いかなる生活があり、掟があるのか、平地人にとっては、まさしくそこは魔の世界であった。

山を恐怖の世界として描いたのは、柳田国男の『遠野物語』である。次のような文章がある。

「上郷村の民家の娘、栗を拾ひに山に入りたるまゝ帰り来らず。家の者は死したるならんと思ひ、女のしたる枕を形代《かたしろ》として葬式を執行《とりおこな》ひ、さて二三年を過ぎたり。然るに其村の者猟をして五葉山《ごえふざん》の腰のあたりに入りしに、大なる岩の蔽ひかゝりて岩窟のやうになれる所にて、図らず此女に逢ひたり。互に打驚き、如何にしてかゝる山に居るかと問へば、女の曰く、山に入りて恐ろしき人にさらはれ、こんな所に来たるなり。遁げて帰らんと思へど些の隙も無しとのことなり。…（略）…子供も幾人か生みたれど、我に似ざれば我子に非ずと云ひて食ふにや殺すにや、皆何れへか持去りてしまう也と云ふ。」（『定本柳田国男集』第四巻、筑摩書房、昭和三十八年）

この話が事実であったかどうかは別として、遠野地方の平地人の山にたいする恐怖の念が存在したことは事実であろう。子を殺したり、食ったりする人間を、鬼と考えてもなんら不思議はない。そして、この山人たちの首魁が酒呑童子のような鬼であったかもしれない。その鬼が娘をさらい、殺して生き血を飲み、人肉を食す話は、まさしくこれではないか。

酒呑童子は、このような山を転々と移り住むという漂泊性の強い山人であった。

稲作中心の生活に絶対的価値を置き、その延長、拡大をもって国家とする農本主義的世界に酒呑童子はなじめない。

神国日本は、稲を中心とする農本国家であり、皇道国家である。この農本国家建設のために数々の侵略があり、追放があり、殺戮があり、抵抗があった。

酒呑童子は、山人の類であり、稲作民を統轄している支配権力とは、まるで異質の要素をもつものであった。

それだけに、稲作のない日本列島の山、自然の香りも吸引し、また、どことなく鉄のにおいがしてくる。

酒呑童子の館には多くの鉄がつかわれ、鉄の御所と呼ばれている。

「鉄《くろがね》の築地《ついち》をつき、鉄《くろがね》の門《もん》をたて、口には鬼が集まりて番をしてこそ居《を》るべけれ。…（略）
…瑠璃《るり》の宮殿《くうでん》玉《たま》を垂《た》れ、甍《いらか》を並べたておきたり。四節《しせつ》の四季をまなびつつ、鉄《てつ》の御所《ごしょ》と名づけて、鉄《くろがね》にて屋形《やかた》を建て、」（市古貞次校注、前掲書）

伊吹童子の親とされる伊吹の弥三郎などは、身体全体が鉄でできているといわれている。
（左右の脇の下に弱点がある）

武器として、農具として、種々の金属が使用されるが、鉄は群を抜く。鉄に勝るものはない。
鉄所有の多少が時の権力の大小を決定づけるものとなる。

若尾五雄の研究などによって、よく知られているところであるが、鬼伝説と鉱山所在地とは密接に結びついている。

鉄であれ、なんであれ、金属の生産という技術とその仕事場は、ムラで農耕に従事する平地人にとっては、異様な世界であり、そこには驚嘆があり、憧憬があり、恐怖があった。

生産の過程で流出する鉱毒は、水田稲作にとっては致命的な害となる。鉱毒を流す側の人間を鬼としても、なんら不思議はない。

水田稲作民と鉱山生活者との対立を激化させ、両者を適当に操りながら、政権を維持してゆく巧妙な支配者がいる。対立させ両者を抗争させておくことは、支配権力の常套手段であった。

酒呑童子にみられる特徴として、いま一つ「童子」ということに注目する必要があろう。数々の鬼が「童子」を名のっているが、どうしてか。星熊童子、熊童子、茨城童子、金熊童子などなど。

泣く子も黙るほどの形相をした鬼がなぜ「童子」と呼ばれるのか。なぜ、いつまでも子どもの呼称なのか。鬼といえども、生涯子どものままであろうはずがないではないか。

「童子」の特徴として、まずあげなければならないのは、「禿《かぶろ》」という頭髪の型である。

酒呑童子の姿も先に引用したが、次のように語られている。

「色薄赤くせい高く、髪は禿《かぶろ》におし乱し、大格子《おほがうし》の織物に、紅《くれなゐ》の袴《はかま》を着て、鉄杖《てつじやう》を杖《つゑ》につ

き、辺《あたり》をにらんで立ったりしは、身の毛もよだつばかりなり。」（市古貞次校注、同上書）

この「禿」頭は、いうまでもなく、幼い子の頭である。この姿が超凡のエネルギーを獲得するのである。

「童子」とは、大人ではないという意味もある。たとえ、年齢的に大人の仲間入りをしていても、「童形」、「童心」を残しているということである。

大人がつくっている世間というものの、塵芥にまみれることなく、純粋無垢で、聖性を保ち、神意を告げる存在という一面をもっている。

生活のにおいがしないもの、無垢なるもの、聖なるものは神々に近い存在である。神々に近い存在であればこそ、超人的豪力も生れ、権力体制の壁も打破することができるのである。

相手がいわゆる大人の、世間の狡知で攻撃してくるのである。これを迎え撃つためには、神力以外にその手段はない。その神力にとって必要なるものが、「禿」姿の髪であった。

「禿」姿について、佐竹昭広はこのようにのべている。

「酒呑童子の年齢が『四十ばかり』であろうと何歳であろうと、とにかく童子《わらべ》の『かぶろ』頭をしていたことはまちがいない。…（略）…伊吹童子の場合も、その『かぶろ』頭は、絵巻の絵を一見するだけで十分である。いつまでも『十四五ばかりの童子《どうじ》のかたちにぞ見えし』と書かれた『童子のかたち』は、童子《わらべ》の『かぶろ』頭を保ちつづけるかぎり失

われることはない。」(『酒呑童子異聞』平凡社、昭和五十二年)

どうして、この髪のかたちに注目したのであろうか。このことはどうも髪と「神」や「上」とのかかわりからくるものではないか。そして、純粋無垢の「わらは」の髪が特に尊重されたのであろう。

次のような説明もある。

「わらはは髪の形であって、其の年齢に関係しないことは、八瀬の童子を親しく見た人々には、納得がゆく筈である。半僧半俗の毛坊主—此の童姿こそ、神の奴《ヤツコ》なる神人《ジンニン》としての標識であったのだ。古代には髪の毛を神聖視し、これを生命の拠り処と考へる風があった。これも世界的拡布を有する思想であるが、我が国語の髪《カミ》は、やはり神《カミ》・上《カミ》と同源に発する、神聖感を持った言葉であったのだ。これをわらはに切ったのが、子供の本格の姿である処から、わらはと云へば童の字を訓むことになって了ったのであらう。」(高崎正秀『金太郎誕生譚』桜楓社、昭和四十六年)

髪と「神」、髪と「上」とは、発音が同じだというだけでなく、両者は密接な関係にあった。神の声を受けとめ、それを人間に伝える役割には、長髪がふさわしかったのである。酒呑童子が「禿」姿で、結髪をしていないのは、神に通じることを願っているのである。

したたかな強力支配体制にたいする反逆が、中途半端な抵抗で功を奏することはない。王権と互角に渡り合うには、酒呑童子の側にも、それなりの神通力が要るというものだ。
大和岩雄は、馬場あき子の『鬼の研究』を参照しつつ、長髪について次のようにのべている。
「馬場あき子は、『扮装において古式を尊んだ芸能、能の舞台に登場する神は、神の本体を示現するという形で登場するときかならず長髪を垂れており、神事神楽の神がみもまたすべて長髪であることは、八瀬童子の長髪とも深くかかわっている』と、『鬼の研究』で述べているが、童子・童女はもっとも神に近い存在である。成人しても童子・童女の霊力をもつ存在であることを示すのが、長髪の禿姿であった。だから、能では神の示現を長髪で表現する。」(『鬼と天皇』白水社、平成四年)
童子は、原初、未分化、混沌がふさわしいように思える。いまだ方向性が定まらず、白黒もよく分からない。状況によって、その像は変化する。若さゆえの獰猛な悪として出現することもあれば、神に通じ、極端な霊力を発揮し、権力を打破することもある。

大江山の酒呑童子は架空の存在であるが、この鬼を討伐したといわれる源頼光は実在した人物である。頼光は源満仲の長子として九四八年に生れている。清和源氏の直系である。備前(九九二年)、美濃(一〇〇一年)、摂津(一〇二一年)など諸国の守の地位について、摂関家と関係を密接に結んでいた。財力にものをいわせ、藤原氏に接近する。朧谷寿の『源頼光』(吉

川弘文館）の「年譜」に、こうある。

「九八八年—九月一六日、兼家の二条京極第新築に際し馬三十頭を献ず」

「一〇一八年—六月二〇日、道長の土御門第竣工に際し調度類一切を献ず」

藤原摂関家への接近を可能にした財力を頼光は、どのようにして調達したのか。次のような説明がある。

「源頼光が、人も驚くほどの奉仕ぶりを働いた背景には、彼が数ヵ国の受領を歴任することによって得た豊富な財力があった。当時の受領たちが、公吏としての権力をたてに私腹をこやすことを専らにし、それがために任地の郡司・百姓どもから訴えられた例はこのころにはかなりあった。また彼らの中には、適当な理由をつけて、あるいは成功によって重任するものがいたという事実は、受領を経歴することによって得られる多大な富をおのずから暗示している。頼光の場合にはそれが著しいといえよう。」（朧谷寿『源頼光』吉川弘文館、昭和四十三年）

この頼光が酒呑童子をはじめ、妖怪退治の英雄として後世に伝えられてゆくのであるが、史実としては英雄譚のようなものはない。とても武勇伝の主人公になるような人物ではなかった。武士団を形成していたかどうかさえ疑問である。朧谷は武士団の存在は認めがたいとして次のようにいう。

「頼光が如何にして武士団を組織していたかを知ることはもとより、果たして武士団を形成していたのか、否かを知ることも不可能といわざるを得ない。さて、頼光の生涯をたどるとき、そこに武士団の存在を認めることは、まず無理なことといえるであろう。なるほど、丹波国大江山で鬼退治をした話をはじめとする一連の説話集に語られているところでは、頼光は武略に長けた人物という印象を与えるが、これらは要するに盗賊を捕らえたという域を出るものではないと考えて大過なかろう。」(同上書)

武勇伝など史実として残っていないとすれば、そうであるがゆえに、清和源氏という流れの名声をあげるためには、真の武士間の闘いというものの外で、武勇伝を作為しなければならなかったのであろう。

次のようにいう人もいる。

「頼光には武士としての大きな実績はないのだが、そうであるがゆえに、頼光は存在するだけで邪悪を押さえ込み、体制を安定させる超人という性格が付与されることになる。かくして、彼は王権を守護し、盗賊から怪異に至るまで、邪悪を撃退する存在とみなされ、妖怪・鬼神にも立ち向かってゆく、超人的な人物像が形成されることになる。」(元木泰雄『源満仲・頼光』ミネルヴァ書房、平成十六年)

また、頼光が鬼退治、妖怪退治の適格者として浮上してきたのは、彼の名前にその一因があった。つまり「頼光」（らいこう）は、「雷光」（らいこう）、「雷公」（らいこう）につながるということである。雷の力は天地を揺るがし、人力では防ぎようのない脅威の存在である。怨霊も雷神となって異常な力を発揮することは、菅原道真の例を出すまでもなく、よく知られているところである。鬼を討つためには、その鬼の力を凌駕する力が必要だったのである。鬼よりすぐれた神秘的力が必要だった。その力は人知のおよばぬ自然の脅威がもっともふさわしい。巨木を頭から真二つに一瞬にして裂く雷の力は、いかなる部将の一刀両断よりもすぐれていよう。

なぜ、頼光なのかにこたえて、高橋昌明は次のようにのべている。

「鬼退治の主役がなぜ頼光でなければならないのか、という自問の自答として、頼光が雷公と音通である点をつけ加えておきたい。四天王の一人公時すなわち金太郎も、元禄初期（一六九〇年頃）刊の『前太平記』に、雷の鳴ったとき山姥の腹中にはらまれたとある。『鬼』を退治する存在は、一層の鬼的威力を持たねばならず、自身災いをなす荒ぶる霊力であってこそ、災異・モノノケに対抗しうる。…（略）…天空切り裂く閃光と肝をつぶす雷鳴こそ、怨霊の威力を表現してあますところがない。中世人の心意や伝承の世界においては、鬼神を征伐するには、雷公への連想をさそう名を持つ武将でなければならなかったのだろう。」（『酒呑童子の誕生』中央公論社、平成四年）

この高橋の説明文に登場する金太郎であるが、彼は雷鳴とどろく最中に、赤龍と山姥とが交接して生れたとされる。

雷は天と地を結合させ、雨を降らせ、火を創造する水神であり、火の神でもあった。また、雷は大蛇や竜の姿になり、女性の胎内に神の子を宿らせる。

人力、人知のはるかにおよばぬ強大な力を持つことのできる神霊を宿すものの一つが鬼であるから、もともと鬼と神は通底するはずである。

酒呑童子が鬼であることはいうまでもないが、頼光や金太郎なども鬼にちかい存在ではないか。つまり、鬼と鬼との闘いが続けられていたのである。

権力にまつろわぬ者も鬼にされるが、権力側に立って、理不尽な殺害を繰り返す者も、これまた鬼である。

頼光も鬼と同様、出された酒の肴である、人間の腕も足も、なんの迷いもなく脇指を抜いて切り、舌鼓をうつのである。この饗宴の風景などは、両者が同類ではないかという一つの例ではないか。

英雄と鬼は紙一重である。王権と結びついた場合は、英雄となって神社に祀られ、反逆し、敗北の道を余儀なくされた場合は、怪物として扱われる。そういう意味では、金太郎の鉞も酒呑童子たちの金棒（鉄棒）も、根は同じものであろう。

一つ間違えば、英雄が鬼になり、鬼が英雄となる。しかも英雄は鬼を必要とするし、鬼もまた英雄を必要とする。

いま、酒呑童子の存在もなければ、それが登場する舞台もない。それを構想する力もない。

主要参考・引用文献

沢史生『閉ざされた神々』彩流社、昭和五十九年
柳田国男「遠野物語」『定本柳田国男集』第四巻、筑摩書房、昭和三十八年
朧谷寿『源頼光』吉川弘文館、昭和四十三年
元木泰雄『源満仲・頼光』ミネルヴァ書房、平成十六年
小松和彦『増補新版・神々の精神史』北斗出版、昭和六十年
市古貞次校注『御伽草子』(下) 岩波書店、昭和六十一年
大和岩雄『鬼と天皇』白水社、平成四年
邦光史郎『鬼の伝説』集英社、平成八年
佐竹昭広『酒呑童子異聞』平凡社、昭和五十二年
高橋昌明『酒呑童子の誕生』中央公論社、平成四年
高崎正秀『金太郎誕生譚』桜楓社、昭和四十六年
馬場あき子『鬼の研究』筑摩書房、昭和六十三年
『義経記』〈日本古典文学全集31〉小学館、昭和四十六年
『通俗日本全史』第二巻、早稲田大学出版部、大正元年

一——深沢七郎について

1　偽善としてのヒューマニズム

人間が他の生物を排除したり、抹殺したりしながら、人間だけを大切にし、尊重したりするということは、人間のエゴイズムといわなければならないだろう。

しかし、近代化とは、この人間が人間だけを大切にするという人間中心の歴史を歩むことであった。

熟考するまでもなく、地球上に存在する生物のなかで、人間はその一部でしかない。その一部にすぎない人間だけの利益がすべてであっていいはずがない。

忘れてならないのは、人間はこの自然界において、すべての生物との有機的関連のなかで生かされているにすぎないということである。

やせ細った「人知」というもので、自然界のすべてが理解でき、支配できるという神話を人類は作ってしまったのである。これは、浅慮であり、傲慢である。

人間が人間を超える大きなものの存在を忘れるとき、人間はなにをつかみ、どこに向うのか。それは「神なきヒューマニズム」を信仰し、人間滅亡の道をひたすら歩むことになる。

「神なきヒューマニズム」について、次のようにのべる人がいる。


「近代科学の発達は、人間のさかしらの知性を増長させ、神の摂理とか仏の大慈大悲とかいったある大いなる力の存在を忘れさすにいたった。科学の力によって人間は、思いのままに自然を征服支配し、この世を作り直して人間の幸福を実現できると自負するようになった。…（略）…換言すると、人間が神の摂理や大いなる存在の隠された意志から自分自身を解き放ち、自分で自分の進路を自主的に決定する力をもつと宣言する〝世俗的人間中心主義〟ないし〝神なきヒューマニズム〟は、近代科学のめざましい成長と手に手をとってたち現れてきたのである。」（勝田吉太郎『民主主義の幻想』日本教文社、昭和六十一年、七七―七八頁）

大いなるものの存在を忘却し、科学技術を万能化し、信仰し、人間自身が神になるという錯覚におちいったのである。ここから人間の不幸が始まる。

しかし、これがヨーロッパ文明の本質である。優勝劣敗の法則が傲慢にも生れ、強者が弱者を支配することが文明の進歩だと称された。

このヨーロッパ文明を、いちはやく取り入れようとした日本は、それまでの農耕文明を軽視し、自然破壊を平然と行い、人心の荒廃をまねき、植民地獲得の方向へと舵を切った。ヨーロッパに後れをとった日本は、ヨーロッパと競争し、比肩する地位にまで登りつめることが第一目標としたのである。

ヨーロッパ文明の基本となるものは、科学技術の発達とそれに支えられた生産力の向上、軍事力の整備強化であった。それは、常に自己拡張を伴い、非ヨーロッパを侵略し、抑圧し、支配することであった。

「ヨーロッパの栄光はアジアの屈辱である!」とは岡倉天心の言葉であるが、屈辱を受けたのはアジアだけではない。

近代の歴史は、ヨーロッパ中心の歴史として展開した。そこに存在する基準がすべてその領域における普遍的なものとなっていて、それが唯一絶対のものとなったのである。

これからのべようとする深沢七郎は、こういう文明のなかを、どのように泳いでいったのか。とりあえず、深沢がときおり見せる「偽善としてのヒューマニズム」への怒りから見てゆこう。深沢の作品に『人間滅亡的人生案内』というものがある。人生相談に深沢が答えたものを集めたものである。(「話の特集」、昭和四十二年九月から昭和四十四年十一月まで)

本書を貫いている深沢の興味ある「ことば」に、少しふれてみたいと思う。彼の「素敵」な回答のいくつかをあげておきたい。

①

「熱中できないことはステキなことなのです。とんでもない心配です。生きるに価する何かを発見するなどとはとんでもない思い違いだと思います。ヒットラー、徳川家康、と大きなことをしようとした人たちは結局、なんのために努力したかわからないと思いませんか。生きていることは川の水の流れることと同じ状態なのです。なんにも考えないで、なんにもしないでいることこそ人間の生きかただと私は思います。」（『深沢七郎集』第九巻、筑摩書房、平成九年、三四九頁）

②

「生きることは楽しむことか、努力することかなどと考える必要はありません。なんのために生れてきたのか誰も知らないのです。それは知らなくてもいいのだとお釈迦さまは考えついたのです。彼は3千年前菩提樹の下で悟りをひらいたと言われていますがその悟りとはそのことなのだと私は思います。」（同上書、四一八頁）

③

「人間として生きるという言葉を私は信じません。生きるではなく生きているのです。ただわけもなく生きているのが人間です。動物もそうです。原子核のまわりを電子がまわっているそうですが、それは、エネルギーがあってうごいているのではなく、うごいている状態なのです。…（略）…人は生きているという状態だけでいいのです。つまり人間はうごいている状態です。うじ虫、芋虫も同じだというのはそのことなのです。貴君も、私も、うじ虫も、芋虫も、ただうごいている生きものなのです。外になにも考えないこと。」（同上書、四三三頁）

人間らしく生きるとか、人類のために生きるとか、そんなことは深沢にとって、どうでもいいことで、ヒューマニズムなどといったことを彼は完全否定する。

日本人にかぎったことではないが、そもそも人間という生きものは、働くことを苦痛に思っている。生きる価値を考えることなど、とんでもないことだという。可能ならば、その苦痛を避けたいと思っている。

本来、怠け者であった人間に、生甲斐だとか、人生の目標だとか、妙なことを教えたのはどこの誰か。人間も他の生物と同様、自然のリズムに従って生きるようにつくられていたのである。その生きものを、ある一つの鋳型にはめ、そのなかでの生甲斐とか目標を強要した者がいる。その強要した者によって、働くことが生甲斐であり、生産性向上に寄与する行為をもって、唯一の生きる価値とされてしまったのである。

労働への過度の執着を狂気と呼んだ人がいる。

生甲斐が労働にあるなどといった思いを、根本から疑う人である。その人の名をポール・ラファルグという。彼の発言の一部を引いておこう。

「資本主義文明が支配する国々の労働者階級はいまや一種の奇妙な狂気にとりつかれている。その狂気のもたらす個人的、社会的悲惨が、ここ二世紀来、あわれな人類を苦しめつづけてきた。その狂気とは、労働への愛情、すなわち各人およびその子孫の活力を涸渇に追いこむ労働にたいする命からがらの情熱である。」（『怠ける権利』田淵晋也訳、人文書院、昭和四十七年、一四頁）

生甲斐だの、人生の目的だのといったところで、所詮、そんなものは、世間とか企業とか、国家とかが、働く人たちの労働意欲をかきたてるために、作為し、押しつけたものである。にもかかわらず、労働者たちはそれが自分のものだと錯覚しているにすぎない。

深沢はそのような作為された生甲斐などにおどらされたりはしない。

そもそも人生に目的もなければ、意味もないというのが、深沢の持論である。

彼は「わが享楽の人生の道」で次のようにのべている。

「私は、かつて、『怠惰の美学』という本を出した。怠けることはこの世を平和に、美しくすることで、勤勉こそ人類の敵だと書いた。まったく、歴史は支配者が勤勉をけしかけて、褒美《ほうび》を与えたり、表彰状を与えたりして平和を害したのだと思う。つまり、勤勉者たちは、贅沢な生活をすることができて、それが立身であり、成功者であり、人格者であり、立派だと思い込ませられるのだ。…(略)…私の人間滅亡教は生活程度をあげないこと、勤勉は悪事であること、怠惰はこの世を平和にするということを説いた。」(『深沢七郎集』第八巻、筑摩書房、平成九年、一四二―一四三頁)

とてつもない極端な主張のように思えるが、深沢は人間の原初的精神とか、ありようのことをいっているのである。

そもそも人間が人生の目的とか生甲斐を追い求めようとするのは、誰かによって、それを押しつけられたこともあるが、その人間が自分の人生を十全に生きていない証拠で、ここに基本的問題があるというのだ。

人生を十全に生きておれば、そこになんら過不足はなく、迷うこともない。人間も本来、原初的ありようにおいては、豊かなものを持っていたが、それをある環境のなかで喪失したり、破壊されてしまった。その修繕のため、また復活のために、血道をあげ、それを文明と称して作為してきたのである。本能が完全に機能していれば、生甲斐とか人生の目標とかは不必要である。しかし、これが破壊されてしまった人間は、人生の目的や生甲斐なしには生きられぬところに追い込まれてしまった。それを追求することを文明と称している。

唐突ではあるが、ここにサマセット・モームの有名な作品である『人間の絆』から、虚無的人生観ともいえる文章を二ヶ所あげておこう。主人公にこういわせている。

「人生に意味などあるものか。空間を驀進《ばくしん》している一つの太陽の衛星としてのこの地球上に、それもこの遊星の歴史の一部分である一定条件の結果として、たまたま生物なるものが生れ出た。したがって、そうしてはじまった生命は、いつまた別の条件の下で、終りを告げてしまうかもわからない。人間もまた、その意義において、他の一切の生物と少しも変らない以上、それは、創造の頂点として生れたものなどというのでは、もちろんなく、単に環境に対する一つの物理的反応として、生じたものにすぎない。」（『人間の絆』〔下〕、中野好夫訳、新潮社、平成十九年、四八一頁）

「人生の意味など、そんなものは、なにもない。そして人間の一生もまた、なんの役にも立たないのだ。彼が、生れて来ようと、来なかろうと、生きていようと、死んでしまおうと、そんなことは、一切なんの影響もない。生も無意味、死もまた無意味なのだ。」（同上書、四八二頁）

人生に意味などない。すべての人はただなんとなく苦しみ、死んでゆくだけである。生甲斐などといったものは世の中が、われわれをたぶらかすためにつくったものであると断言している。

日本では梅棹忠夫が、生き甲斐という問題にふれて次のようにのべているが、これも深沢の主張にちかい。

「老子には『生きがい』のかんがえはないです。生きがいのそもそもの否定から出発しているんだと思います。人生の目的化とか、そういうものも全部ないです。目標があってそれに対して努力するという、その努力がそもそもない。むしろ、そういうことは悪だというふうになっている。有用なこと、役に立つことは、つまらぬことだということになっている。…（略）…役にたたないことこそ一番いい生き方なんだ。役に立つということをいかにして拒否していくか、ということですね。これは、わたしはたいへんえらい思想だと思う。」（『わたしの生きがい論』講談社、昭和五十六年、八九頁）

人生に目的があるか、ないかを考えること自体が無意味なことで、人生に目的なんかあるわけがないと梅棹はいい切る。

彼は『荘子』のなかにある「櫟社の散木」という話をもちだしている。

大工の棟梁である石という人が、弟子を連れて旅をしているとき、曲轅という地で社にそびえる大木を見た。弟子たちはその大きさに驚き、称賛した。しかし、なぜか棟梁は弟子たちの声を無視した。不思議に思った弟子たちは、その理由を棟梁にたずねた。棟梁は次のように答えたという。

「石は答えた、『やめろ、つまらないことを言うでない。あれは役だたずの木だ、あれで舟を作ると沈むし、棺桶を作るとじきに腐るし、道具を作るとすぐ壊れるし、門や戸にすると樹脂《やに》が流れ出すし、柱にすると虫がわく。まったく使い道のない木だよ。まったく使いようがないからこそ、あんな大木になるまで長生きができたのだ。』」(『荘子』第一冊〈内篇〉金谷治訳注、岩波書店、昭和四十六年、一三六頁)

これ以上ないほどのさげすみの言葉を使って棟梁はこの大木を軽蔑した。夜、棟梁の夢のなかに、この大木の精霊が現われて、次のように語ったという。

「棟梁の石が(旅を終えて家に)帰ると、櫟社の神木が夢にあらわれて、こう告げた、『お前はいったいこのわしを何に比べているのかね。お前は恐らくこのわしを役にたつ木と比べているのだろう。いったい柤や梨や橘や柚などの木の実や草の実の類は、その実が熟するとむしり取られもぎ取られて、大きな枝は折られ小さい枝はひきちぎられることにもなる。これは、人の役にたつとりえがあることによって、かえって自分の生涯を苦しめているものだ。だから、その自然の寿命を全うしないで途中で若死にすることにもなるわけで、自分から世俗に打ちのめされているものなのだ。』」(同上書、一三八頁)

生産力の向上、市場原理の貫徹、生存競争に打ち勝つ人間からの訣別を告げているかのように、梅棹は怠惰の思想を語る。

彼は『荘子』にある「櫟社の散木」のようになりたいという。むやみやたらに生を欲し、生を希求し、働くことこそ人生だとすることに彼は憎悪さえ感じている。

深沢は日本人の深層心理のなかにある怠惰願望をよく見抜いている。日本人はこの怠惰の精神を強く持っていながら、内面を隠し、人生の目的を働くことに置いたのは、そのようにさせられたのだという。

人生に目標を置いたり、生甲斐などということを考えたりするのは、近代文明に毒された病人のすることだと深沢は思っているに違いない。

この近代文明を無条件に肯定し、讃美するとき、人間の持っていた本質的なものは枯渇し、破壊されてゆくことを深沢は警告している。

近代文明、ヨーロッパ文明を病気、それもきわめて強い伝染性の病気だと断言する人がいる。

「文明とは病気である。しかもかなり伝染性の強い病気である。この病気には人類しか罹らないが、今のところ、いちばんの重病人はヨーロッパ人とアメリカ人で、それ以外では日本人である。…（略）…文明とは、人類が生物学的に畸型的な進化の方向にはまり込み、本来の自然的現実を見失ったことにはじまる。人類は、見失った自然的現実の代用品として人工的な擬似的現実を築きあげた。この擬似的現実が文明である。しかしながら、それはあくまで擬似的なものであるから、どうしても人類と文明とのあいだにはしっくりしない齟齬があり、人類は文明のなかにあって、どこか居心地がわるく、場違いな感じを免れ得ない。この居心地のわるさを解消しようとして、人類はまた新たな擬似的現実を築きあげる。…（略）…この悪循環は、一般に、文明の進歩と呼ばれている。」（岸田秀『続 ものぐさ精神分析』中央公論社、昭和五十七年、一一一―一一二頁）

深沢は意識して反近代とか反ヒューマニズムとか反文明といっているわけではない。彼の存在そのものがそういうことになる。ここに深沢の存在の深さがあるというものだ。意識して反近代、反文明などというほど、深沢の精神は軽くはない。

2 深沢七郎にとっての母

深沢の数多くある作品のなかでも、特筆すべきが、『楢山節考』であることは間違いない。異色、孤立の作家として知られる深沢は、この『楢山節考』で、中央公論新人賞をもらってから一躍有名になった。そして、この作品に登場する「おりん」の原点が、深沢の母親であることはいうまでもない。

誰も母親を持つが、人それぞれ置かれた環境のなかで、母親との関係を持つ。したがって、生み落され、育ててくれた母親にたいし、人はそれぞれの思いを抱く。そして、彼女の死に直面するとき、父親とは違った特別の感情を持つ。

日本の家族制度というものは、あくまで男性優位のものであった。女性の権利はことごとく剥奪され、妻は法的には無能力者扱いであった。この呪縛のなかで、忍従を余儀なくされ、呻吟し、それでも子どものためにと、生命をかけた母親が多くいる。この母親への子の思いは格別のものがある。

深沢の母親は晩年、肝臓の病で苦しんだ。深沢家は印刷屋だったが、印刷工場からでる音がうるさいので、小さな隠居小屋を笛吹川の川原に建てて住んでいた。息子の深沢もいっしょだった。

母の名は「さとじ」といったが、この「さとじ」と深沢はつねに一体であった。死期のちかづいた母親にたいし、深沢は次のような気持を披瀝していた。

『『わしが変った姿になっても、泣いたりしてはダメだよ』と、母自身から云い渡されて、あの時は途方にくれてしまった。彼岸中に雨が降って、私が蒔いた菜の種が、『イッパイ、揃って芽が出て来たよ』と云うと、『見たいよう』と云うのである。縁側から私の背におぶさって菜のところまで行ったが、私の背中は火をおぶっているように熱かった。『おっかさん、苦しくはないけ』と云って、苦しいのを我慢していると思ったので帰ろうとすると、母は背の方から私の目の前に見せるように手を出して、前へ〳〵と手を振った。こんな苦しい思いをしても見たいのかと指図されるままに私はもっと前へ〳〵と進んだ。こんなことを書くのは、なんだか恥かしいけど、楢山節考で、山へ行ったおりんがものも云わず前へ〳〵と手を振るところはあの時のおっかさんと同じだ。」(「おもいで多き女おっかさん」『深沢七郎集』第八巻、五二頁)

この深沢の母への思いは、『楢山節考』での息子辰平と「おりん」とのつながりを深いところで支えている。

深沢にとって、母はこの世に二人といない最高の存在であった。理想郷に鎮座する人であった。それだけに、母がいなくなるということは、深沢にとって理想の女性はいなくなるということでもあった。

深沢には弟がいるが、その弟貞造は兄と母との関係を凝視している。母の死がせまり、衰弱した母を背負う兄の背中を見、床ずれの激痛を少しでもやわらげてやろうと、くる日もくる日も母の病体を支え続けた兄の姿を見ていた貞造は、その想い出を次のように語っている。

「あとで思い当った事ですが、兄が『人間の死』ということに対して深く考えたのは母の死に直面してからではないかと思います。息を引取る直前まで、自分の葬式の事まで気を配った母、水も受け付けなくなり舌がもつれて会話が不可能になってからは筆談まででした気丈だった母。癌にかかったことを自分で気が付いたのが『楢山参り』を決心した『おりん』であったことに私が気付いたのは小説を読んでかなり経ってからでした。」(「兄のこ

と」『別冊新評・深沢七郎の世界』第七巻第二号、新評社、昭和四十九年七月十五日、一〇四―一〇五頁)

深沢は母馬のそばをかたときも離れることのない仔馬のような、母さん子で、「とうねっこ」と呼ばれていた。二人でいるときが、母も子も至福のときだった。深沢にとって、母は聖なる存在であり、彼の心は母親信仰で満たされていたのである。

「とうねっこ」は、母馬の死をもっとも美しいものにしたかった。そのためには、母が死の直前まで語っていた通りにしてやることだった。

「おりん」は山へ行くことをつらく悲しいことだと思ってはならず、喜んで死地に赴くという精神が貫徹していなければならなかった。そのために、「おりん」は生きることへの自己主張をしてはならず、徹底した無私の精神を持続していなければならなかった。これは昭和十年代の「散華」の精神と等価ではないか。深沢はこの「散華」の精神をどう考えていたのか。与えられた環境に寸分の疑も持ってはならず、その運命を従容として受け入れることをもって生きたことになる。そのために、「おりん」の周囲は、厳しい拘束が必要であった。

武田泰淳は、深沢の「おりん」の扱いについて次のように述べている。

「この老婆が早く死にたがっている、早く楢山に登りたがっているという考え方、それが、この小説を美しくしているのであって、もしもあれが泣き叫ぶような側に立っていたら、この小説は全然成立ができなかった。…（略）…いかなる残忍なこと、不孝なこと、悲惨なことでも、かえってそれがひどくなればなるほど、主人公の無抵抗の抵抗のような美しさがしみわたってくる。」（「主人公の無抵抗の抵抗のような美しさ」『伊藤整・武田泰淳・三島由紀夫による鼎談』〔同上誌、一二五頁〕）

ヨーロッパのヒューマニズムを迷うことなく受け入れ、それに洗脳されてしまった日本人には、この「おりん」の死の意味がわからなくなっている。当然のことながら、「散華」の精神も読めなくなっている。「おりん」を取りまく環境の厳しさというものに、深沢は次のような風景を思い描いたのであろう。

「道をしばらくきて浮田というところへでた。卯の木、床前（西津軽郡森田村）という村の小道をわけてくると、雪が消え残っているように、草むらに人の白骨がたくさん乱れ散っていた。あるいは、うず高くつみ重なっている。頭骨などの転がっている穴ごとに、薄や女郎花のおいでているさまは、見る心持がしない。『あなめあなめ』とひとりごとをいったのを、うしろの人が聞いていて、『ごらんなさい、これはみな餓死したものの屍です。過ぐる天明三年の冬から四年春までは、雪のなかに行き倒れたもののなかにも、まだ息のかよう者が数知れずありました。…（略）…自分の生んだ子、あるいは弱っている兄弟、家族、また疫病で死にそうなたくさんの人々を、まだ息の絶えないのに脇差で刺したり、また胸のあたりを食い破って、飢えをしのぎました。……』と泣きながら語って、別の道に去っていった。」（菅江真澄『菅江真澄遊覧記(1)』内田武志・宮本常一編訳、平凡社、昭和四十年、一五六―一五八頁）

このような世界が日常的である環境のなかで、姥捨にちかいものがあっても、なんら不思議はない。

深沢は『楢山節考』にでてくるいろいろな人情話などは、山梨県の東八代郡（境）川村大黒坂が原点になっているという。

この村には、深沢のいとこが嫁いでいて、米の飯を食わしてやるから来なさいといわれ、時々遊びに行き、そこで近所の老人たちから、この土地の風習、人情などの話を聞かされたという。深沢はこの老人たちの話を参考にしながら、「おりん」のいるムラの拘束をいろいろと考えた。なにをどうすれば、「おりん」の死が浮かび上るか。

第一に、このようなムラにとって大事なことは、農業生産に寄与することなく、飯だけを食う人間は不要であるということである。そういう人間は放擲しなければならないのである。「おりん」はそのことを熟知していて、穀潰の一つの元凶にもなる丈夫な歯を抜くことが大きな課題であった。「おりん」は楢山に行くまでには丈夫な歯をなんとかしなければならなかったのである。

『楢山節考』にはこうある。

「おりんは年をとっても歯が達者であった。若い時から歯が自慢で、とうもろこしの乾したのでもバリバリ噛み砕いて食べられるぐらいの良い歯だった。年をとっても一本も抜けなかったので、これはおりんに恥かしいことになってしまったのである。…（略）…楢山まいりに行くまでには、この歯だけは何んとかして欠けてくれなければ困ると思うのであった。楢山まいりに行くときは辰平のしょう背板に乗って、歯も抜けたきれいな年寄りになって行きたかった。」（『深沢七郎集』第一巻、筑摩書房、平成九年、一五三―一五五頁）

「おりん」は誰も見ていないところで、ひそかに前の歯上下を火打石でコツコツと、根気よくたたき砕こうとしていた。その効果があって、ある日、「おりん」は石臼に自分の歯をたたきつけたところ、上下二本が破壊されたのである。楢山まいりの資格ができたと「おりん」は喜んだ。

穀潰しにならないための手段は、ほかにもあった。晩婚の奨励がそれである。早婚、多産は嘲笑の的であった。多産は次のように嘲笑され、軽蔑される。

「〝かやの木ぎんやんひきずり女／せがれ孫からねずみっ子抱いた〟おりんが嫁に来た頃はぎんやんという老婆はまだ生きていた。ぎんやんはひきずり女という悪名を歌に残した馬鹿な女だった。ねずみっ子というのは孫の子、曾孫《ひこ》のことである。ねずみのように沢山子供を生むということで、極度に食生活の不足しているこの村では曾孫を見るということは、多産や早熟の者が三代続いたことになって嘲笑されるのであった。ぎんやんは子を産み、孫を育て、ひこを抱いたので、好色な子孫ばかりを生んだ女であると辱しめられたのである。」（同上書、一五六頁）

穀潰もムラにとっては大敵であるが、もっとひどいのは、このムラのなかで食糧を盗むということである。

生産量が限定されているムラでの食糧の盗みは大罪であった、その制裁は極刑となる。

「食糧を盗むことは村では極悪人であった。最も重い制裁である『楢山さんに謝る』ということをされるのである。その家の食糧を奪い取って、みんなで分け合ってしまう制裁である。分配を貰う人は必ず喧嘩支度で馳けつけなければ貰うことは出来ないのである。…（略）…戦うつもりで早く馳けつけるのであるから必ず跣《はだし》で行くことになっていたのである。履き物をはいて行けばその人もまた袋叩きにされることになっていて、馳けつける方でも死にもの狂いである。これは食糧を奪いとられるということが、どれだけ重大な事であるかが誰もの神経にきざみつけられているからである。」（同上書、一七三頁）

盗みをはたらく家の象徴的存在として、「雨屋」という家が設定されている。この家はすでに二代にわたって盗みをはたらき、このムラでは皆そのことを知っていて、泥棒の血統として烙印を押されていた。この「雨屋」をムラ人たちは、よってたかって攻撃し、ストレスの解消をしていた。そして、そのことによって、ムラの団結を強めてゆくのであった。

この場合、「楢山さんに謝れ！」といわず、「楢山さんに謝るぞ！」という。ここに一つ問題がある。つまり、それは、たとえ「雨屋」という家が犯した罪であったとしても、それはムラ全体の罪であり、ムラ全体で山の神に謝らねばならないのである。

深沢にとって、このようなムラの掟が日本列島全体にあろうとなかろうと、そのようなことはどうでもよかった。彼は有史以来の日本の村の実態を知ろうなどということは眼中にない。「おりん」の死を美しいものにするために、必要なものだけが欲しかったのである。

七十歳で死地に赴かねばならぬというルールは、近代的合理主義やヒューマニズムの対極にある。近代主義者にとって、このことは、敬老精神をぶちこわすものであった。

「おりん」は自死を宣言する人間である。

その死について、「おりん」はなにも考えてはならず、思考停止の状態でいなければならないのである。とにかく、粛々と死地に赴けばいいのである。

その日のために、ムラ人にふるまう酒も用意したし、山の神の前で座わるムシロも三年も前に編んでいた。川魚の「やまめ」のいる場所も、嫁の玉やんに教えていた。山の神の前に座わる日は、「おりん」にとっては、自己完結の日であった。

武田泰淳がいったように、「おりん」が死地に赴く際、泣き叫んだりしては、この小説は成立しなかった。泣き叫んで抵抗するのが、隣りの「銭屋」の又やんである。

又やんは次のように描かれている。

「又やんは昨夜逃げたのだが今日は雁字搦《がんじがら》みに縛られていた。芋俵のように、生きている者ではないように、ごろっと転がされた。倅はそれを手で押して転げ落そうとしたのである。だが又やんは縄の間から僅かに自由になる指で倅の襟を必死に摑んですがりついていた。倅はその指を払いのけようとした。が又やんのもう一方の手の指は倅の肩のところを摑んでしまった。又やんの足の先の方は危く谷に落ちかかっていた。又やんと倅は辰平の方から見ているかと無言で戯れているかのように争っていた。そのうち倅が足をあげて又やんの腹をぽーんと蹴とばすと、又やんの頭は谷に向ってあおむきにひっくり返って毬のように二回転するとすぐ横倒しになってごろごろと急な傾斜を転がり落ちていった。」(同上書、一九四頁)

この又やんは、平均的老人の姿である。深沢はそのことをよく知っている。彼がその立場に立たされたなら、又やんのようになるかもしれない。つまり、死の恐怖にさいなまれ、生への執着を強く持つかもしれない。そうであるがゆえに、「おりん」の死を美の究極に置きたかったのではないか。

美しく死ぬということの裏に、死への恐怖を読み抜くことは可能である。母の死に直面して深沢は、この世の最大の不幸と恐怖をそこに見た。その裏側に「おりん」の美しい死があった。

彼は人の一生を一方では自然の摂理として把握し、人の死も木の葉が朽ちて散るのも同様と考えるところがある。

人間だけのものとして考えられる自殺行為も、深沢は人間に与えられた大自然のなかの浄化作用で、大掃除で、自然淘汰だという。

あれほど世間をさわがせ、賛美、共感、侮蔑、反感、憎悪などが渦巻いた三島由紀夫の自殺についても、深沢はその背景など詮索する必要はないという。三島の死について彼は次のようにいう。

「ああいう人がありますよね、国防だと言って、そのために命を投げうつという……それを額面どおりに受け取っていいんじゃないですか。いろいろな人がいろいろなことを言っているけれど、私はそんなに勘ぐらなくて、ただ国防を叫んで自殺したと受け取っていいんじゃないかと思いますよ。要するに自殺というのは自然淘汰だと思うんです。昆虫とか動物には、自殺はないでしょう。人間にあるというのは、人間だけにある自然淘汰ですよ。」（『深沢七郎の滅亡対談』筑摩書房、平成五年、一二八頁）

「おりん」の死を人間の究極的な理想として描くことと、人間の死を清掃と同じように扱うことは、深沢のなかではけっして矛盾することではないのである。

次に少し触れておきたいことがある。「おりん」の死を美しいものにするために、深沢はこのムラの厳しく暗い舞台を設定したが、この舞台で、雪を降らせたのである。

雨ではなく、雪を降らせたのである。なぜか、どういう意味があるのか。「おりん」が山に到着した直後、雪が降ってきた。息子辰平は、「おりん」を山の神のもとに置いて帰る途中、振舞酒の夜、皆に誓った掟を破り、雪の降ったことを「おりん」に告げようと、「おりん」の座っている場所めがけて引き返した。

『雪は乱れて濃くなって降ってきた。ふだんおりんが、『わしが山へ行く時ァきっと雪が降るぞ』と力んでいたその通りになったのである。辰平は猛然と足を返して山を登り出した。山の掟《おきて》を守らなければならない誓いも吹きとんでしまったのである。雪が降ってきたことをおりんにしらせようとしたのである。知らせようというより雪が降って来た！　と話し合いたかったのである。本当に雪が降ったなあ！　と、せめて一言だけ云いたかったのである。」（「楢山節考」、前掲書、一九二頁）

雪というものは、いろいろな意味を持っている。一つは過去を打ち消すことができる。どんな足跡でも雪が積れば消えてしまう。苦渋に満ちた生活臭も雪は消してくれる。

また、雪は浄化の意味を持っている。罪や汚れを払ってくれる。しかも、再生の意味を持っている。

宮田登はこの「白い雪」について次のようにのべているが卓見だと思う。

「深沢七郎は白い雪を降らせることで、おりんの生れ清まりを示唆したのである。白い雪は新しい正月の訪れを告げる前兆であり、空間を浄化する作用をもつ。深沢七郎のウバステには、老人の更新すなわち再生の観念が秘められており、その表現がすこぶる感動をよぶのである。」（「境界と再生」『深沢七郎集』第六巻の「月報6」筑摩書房、平成九年七月）

3　異端者の眼力

常識的眼力ではとうてい見えない人間の模様が深沢には見える。普通の者ではとらえきれない沈潜物が深沢の手にかかると容易に把捉される。

深沢は庶民のような〝風《ふう》〟をするが庶民ではない。農業が好きで、昭和四十年に埼玉県菖蒲町に「ラブミー農場」なるものを開設する。しかし、農民ではない。工場労働者でもなければ、商人でもない。ギタリストでもあれば、作家でもある。それよりもなによりも、深沢は世間でいうところの常識人ではない。どこかズレていて、常識の枠からは大きく、はずれている。日本の近代作家たちと較べても、どこか異質の感がする。

深沢にはこの異質な視覚や嗅覚によって、通常では見えない、聞こえないものが見えたり、聞こえたりするのである。

可能な限り、他人と離れ、世俗と離れ、隠者の性癖によって、暗闇に投げ捨てられた残虐、無頼、乱棒といったものを探ぐりあて、世間を驚愕させる。つまり、現実世界に存在する数々の秩序、規範、倫理などを峻拒することによって、深沢は彼独自の舞台をつくりあげていった。彼は現実の政治、経済などに言及することはない。しかし、どこかに隠れていて、突然登場し、突拍子もないことをやってくれるのである。この深沢の言動に、日本の近代的知識人と呼ばれる人たちは、無気味さを覚えるのである。

日本には「かぶく」という言葉があるが、これは「傾く」のことである。世間の常識を正統なものとするなら、「かぶく」とは、異端を表現するものである。これまで世間が伝統的なものとして、それを正統と認め、そこに規範を設けていたが、それにたいして「かぶく」ということは、「はずれる」ことなのである。

郡司正勝が、「かぶき」の本質にふれて次のようにのべている。

「かぶきがわれわれを魅するのは、理性の力とはまったく相反する痴呆の芸術心なのである。われわれは、借りものによってほどよく処理された知性の芸術よりも、祖先が身命をかけて打ち込んだ血液の流れの中に感ずる芸術の宿命に打たれるものである。」（『かぶき――様式と伝承』筑摩書房、平成十七年、一七頁）

深沢は、どこか郡司のいうような芸術性を持っているように思える。深沢の「かぶき者」性にふれた人のなかに、笠原伸夫がいるが、彼は「深沢七郎・野坂昭如をひとまとめにして〈かぶき者文学の系譜〉をひくものというふうに断定するのはあるいは粗放にすぎるかもしれない」（「かぶき者のダンディズム」『国文学・解釈と鑑賞――深沢七郎と野坂昭如』至文堂、昭和四十七年六月、一五頁）といいながらも、深沢について次のようにのべている。

「かぶき者とはいいかえれば異形なる夢幻を生きるものの謂《いい》である。『風流無譚』のなにやら軽薄ともみまがう夢ものがたりが、底ぬけの笑いのうちに、ぬっと不気味な顔を突き出すのも、まさしくかぶき者の美意識ゆえではなかろうか。深沢七郎にそくしていえば、『千秋楽』や『東京のプリンスたち』あるいは『絢爛の椅子』『風雲旅日記』にみられる都会生活、ないし都市から流竄《りゅうざん》する人間たちの内部意識も、まさしく〈かぶきもの＝異装者〉の孤独と悲哀をとらえたものにほかなるまい。」（同上誌、一六頁）

深沢は職業を次々と変え、住まう場所も転々とし、いわば漂泊者的存在であり、根無し草であった。現実世界からは大きくズレている。世間の常識というものからは逸脱し、そこでの平衡感覚はない。

ここで、いま一つ折口信夫のかぶきの芝居の説明をあげておきたい。

「かぶき・かぶくと言ふ語の、元の意味は、乱暴する・狼藉するといふことであったので、歌舞伎芝居はそこから生れたのであるが、……（略）……歌舞伎芝居にあっては、既に其起りが、乱暴・異風——そして、それが性欲的であった——を残虐的、或いは性欲的な場面——が、多分にあったとしても、其は、必ずしも、不思議とするには当たらないのである。」（『折口信夫全集』第三巻、中央公論社、昭和三十九年、四三頁）

国家の細胞ともいうべきムラが持っているものへの反逆と性道徳の破壊と解放を基本に置きながら、長期にわたり生きぬいてきたこのかぶきの精神は、多くの場面で、多くのものを激発させてきたといってよい。

そのことを多くの人は、恐れつつも憧憬してきた。

深沢は、この世の常識からみれば、間違いなく異端者であり、奇人変人である。凶暴ではないが、この世に安住の地をついに持つことのない人間であった。

この深沢に、私たちがある瞬間引きつけられるのは、現世で通用している理性とか知性とかでは到達しえないところに、彼が導いてくれるからである。軽薄な借りものの知性ではなく、祖先たちが遠い昔、暮らしのなかに、生命をぶちこんで創造し、かち取ったものを持っているからである。

深沢のかぶき的性格は、彼の作品に登場するいろいろな庶民にも、その影を落とす。かぶき的意識に徹しなければ、とうてい生れようがないような庶民の乱暴な顔を次々と見ることができる。

登場する庶民は、社会的常識的世界からは大きく逸脱している。彼や彼女らは、深沢のつくった舞台で踊り、笑い、狂う。これまで近代日本がつくった文学、思想の歴史などが描こうとしたものとは大きなズレがある。

家族制度や土地制度などの矛盾、軋轢のなかで、呻吟する人たちとも違うし、過酷な自然条件のなかで苦しむ農民の姿でもない。また、世の中の矛盾と闘う社会運動家の姿でもない。

柳田国男が、民俗学の中心概念とした常民とも違う。柳田が、英雄と政治的大事件のみをもって歴史と称した従来の手法にたいし、その学問によって見捨てられてきた多くの民衆生活史を丹念に調査し、歴史像の変革を試みようとした志は尊い。

多くの人の援助、協力があったのはたしかであるが、日本列島をくまなく歩き、文書資料に依存するアカデミズムに抗して、民衆の生活領域に熱い視線を向けたことにたいしては、敬意を払わなければなるまい。

しかし、この柳田にも問題がないわけではない。彼はもともと山人とか山の神秘に関心を抱き、そこから彼の民俗学はスタートを切っていた。「遠野物語」や「後狩詞記」などがそれである。それが、ある時期から、彼は意識的に山人、山への関心を希薄化させ、平地人——つまり稲作民への関心を強めていった。稲作文化を日本文化の基層に置き、祖先崇拝、氏神信仰を日本人総体の精神的中核に設定した。稲作文化形成にたずさわる人たちの習俗を民俗の中心に置き、「常民の学」を形成していった。常民が抽象的概念であるとしても、柳田の常民像から、深沢の庶民の臭いはしてこない。

深沢の農民への視点には独特のものがある。

多くの農民文学と称されるもののなかに登場する農民は、政治支配のなかで、また土地制度の矛盾のなかで、虐待され、呻吟する哀れな人間の姿として描かれるが、深沢のそれは違う。彼は農民の持っているふてぶてしい根性は商人の持っているずるがしこさとも違い、見事な強さだという。

とにもかくにも、庶民という存在に向ける深沢の眼は、常識的枠を大きくふみはずし、普通の人では見えない世界をのぞいている。

これまで庶民という言葉の持つ内容には、さまざまなものが含まれてきた。階級的視点に力点を置くものもあれば、文化共有という枠でくくれるものもあった。庶民の相貌はさまざまである。いずれにしても、彼らは純粋無垢で、善良で、弱者で、常に権力によって操作され、虐待され続けてきた歴史を持つものとして描かれてきた。そして、その庶民を救済し、解放し、正義の旗の下に集結させるという幻想化されたプログラムを用意することで、知識人、文化人の地位が確保されるという甘い歴史があった。

この歴史から抜け落ちてしまったものは、人はなにゆえに、弱者の傷に塩を塗り、強者を憧憬し、悪の道に誘惑されてしまうのか、という人間の持つ基本的感情である。

日本近代の浅慮さに気づかない知識人たちには、近代ヒューマニズムの欠陥がわからない。このヒューマニズム、啓蒙合理主義などの虚妄性、危険性を見破ることができないでいる知識人、文化人を、深沢は嘲笑しているかのようである。

庶民は正義を貫く善良な弱者で、隣人をこよなく愛する人たちであるというようなイメージを、深沢はぶちこわしてしまう。

近隣の感情のもつれは、表面化し、激化すれば、殺人事件になりかねない。逃げ場を失った隣人たちは、表面のおだやかさとは違って、地獄の様相を呈することがある。

隣の家に倉が建てば腹が立つというぐらい、隣人の幸福は嫌いなのである。逆に隣の不幸はうれしくてうれしくてしようがない。

どしゃぶりがして、隣家の雨もりを知って欣喜雀躍するのが庶民の姿である。深沢は次のような庶民の姿を描いている。

「雨が降りつづいてその隣家では洗面器やバケツやタライを家の中に並べて防ぐのだが、

それでもまだ畳が水に濡れるのである。雑巾で畳を拭いてはしぼってまた拭いているのだが、それより外に方法はないのである。隣の家ではそれを知っていて、ふだん憎い〳〵と思っているのでカタキを討つのはこんな時だと、(もっと降ればいいなァ、いいキモチだなァ)と口では言わないが、腹の中では思っているのである。(もっと〳〵降れ〳〵)と天に祈っているのである。」(「庶民烈伝」序章、『深沢七郎集』第四巻、筑摩書房、平成九年、三六頁)

他人の不幸に同情し、他人を援助しようなどとは間違っても思わない庶民のある無情さを深沢は見ている。

他人の不幸を喜ぶなどということは、学校教育はもちろんのこと、社会の道徳、倫理としても許されることではない、ということが社会通念としてある。しかし、深沢の描く庶民の腹のなかには、隣人の不幸を喜ぶ心情がある。このような人間の裏側にひそんでいる本質を見抜くことのできない民主主義やヒューマニズムが、どれほどのものであるかということを深沢は知っている。彼は学校とか教育というものが好きではない。学校の成績優秀者などは大嫌いで、彼の敵である。このような優秀者と呼ばれているような人間は、異常神経の持主だという。

近代的知にたいして、拒絶反応を示しているのである。

いま一つ例をあげておこう。奇妙といえば奇妙であるが、すさまじさを露呈している庶民である。

「その家は製本屋で、私とは親しい交際《つきあい》である。昼飯どきに行った時だった。子供は学校へ行っていて、夫婦で食事をしようとするところだった。お膳の上にコッペパンを2ツ並べて、茶碗に朝飯の残りの冷たいミソ汁がこぼれそうによそってあって、『いただきます』と奥さんが言ってお膳にアタマをさげた。その御主人も、『いただきます』と言って、奥さんにつづいてお膳にアタマをさげた。…（略）…ふたりで揃って、お膳に頭をさげるその恰好は、小学生が先生の前でお辞儀をしている様である。」（同上書、一〇一―一一一頁）

コッペパンとミソ汁という結合のかたちは、おそらくこの世には存在しない組合せではないか。麦飯とミソ汁という組合せならば、私などの子供時代、なにも珍らしいことではなかった。しかし、このコッペパンとミソ汁というのは、この世の食のルールに違反している。この献立には「文法」というものがないという人がいる。中沢新一である。

飯を食うための料理の組合せについては、おおよその「文法」があると、中沢は次のようにいう。

「料理の組合せについては、ちゃんとした『文法』のようなものがあって、それが献立をなにか『もっともらしい』ものに、仕立てあげているわけなのである。ところが、この製本屋の御夫婦は、そんな食事の『文法』なんかにはおかまいなしに、途中のつながりをぶっとばして、ふつうは遠く離れているものを、まったく『乱暴に』ひとつに結びあわせて、それを平然と受け入れてしまう。」（『深沢七郎集』第九巻の「月報」、筑摩書房、平成九年）

繰り返しになるが、従来の多くの民衆史によれば、庶民は常に貧しく封建的呪縛構造のなかで呻吟しながら、阿鼻地獄を体験し、それでも素朴で正直で、清く美しく生きてゆくというかたちであった。そうでなければ、社会主義も、労働運動も、農民運動も課題がないのである。この幻想の上に知識人や文化人がのうのうと生きていたのである。

深沢は、なにも自分だけが庶民の実像を見抜く力があるなどと思っているわけではない。しかし、どうみても、従来の多くの歴史家や作家の眼と彼の眼は違う。

人は生れ落ちるや否や、家庭、学校、社会を通して、ある一つの型にはめられ、世間の常識をたたきこまれ、現社会体制維持、強化に役立つ価値を教えこまれてゆく。近代的自我の確立、拡張は、そういったものへの反逆のようにみえるが、そうではない。それこそが主体性とか自立に名を借りた体制擁護派の道であった。

深沢は、この一般的常識的通過儀礼から逸脱することによって、われわれが失ってきたもの、しかもそれこそが人間の本質にかかわるようなものを見抜くことができたように思う。

そのことは、結局、庶民万歳を表面的に唄いながら、その裏で、小さき者、弱き者の虐待と差別、抹殺を平然と行う近代主義的知識人への痛烈な批判となっている。

遠い遠い昔、何人も日常を通じて宿していたであろう数々の情感や思いは、幾度となく世間から投げ捨てられ、深く暗い場所に閉じ込められた。閉じ込められはしたが、それは深淵のところで、わずかではあるが息をひそめながら、ひっそりと生き残っていたのである。

深沢はそれを彼一流の手法で浮上させてみせた。近代主義者たちも、彼らの先祖が経験したことであるにもかかわらず、まるで未知の世界、初めての世界に遭遇したかのように思い、驚嘆の声をあげるのである。

三島由紀夫などが、深沢の世界が恐ろしいといったのは、そのことである。

近代主義者たちによって構築された幻想としての現実には、近代主義的自我の形成という大前提がある。この前提に立つかぎり、闇の世界で蠢動する未分化の情念は、負の要因として隠ぺいされ、抹殺される。

近代主義的知識人と呼ばれる人の多くは、この近代的自我の確立が、人類の進歩、向上につながると信じて疑わない。逆にこの近代的自我が確立していない場合、人は付和雷同ということになり、時流に押し流されてしまうという。

この近代的自我というものを強調しすぎると、こういう面白いことがおきてしまう。

ファシズムの流れのなかでも、ヒットラーを中心とするナチスのリーダーたちは、強力な自我を持ち、それにもとづいて判断、決断をするが、日本の独裁者たちは、自我を持っていないため、近代以前の規範、モラルに依存してしまうということを大声で叫ぶ人がいる。

この近代的自我に関して、丸山真男の『超国家主義の論理と心理』にふれて、面白い発言をしている人がいる。日本の独裁者とナチスのそれとを比較している点について、こうのべている。


「『超国家主義の論理と心理』は、誰が戦争を意図し遂行し責任をとるかが明快にわかっていたナチス・ドイツの場合をひきあいに出しながら、烏合の衆に近かった日本の為政者たちの実態をあばき出していた。日本の指導者にくらべてナチスの場合は指導者の自覚とか責任という点でほとんど非のうちどころないもののように説かれているので、当時の私は著者がナチス・ドイツを讃美しているかのような印象を抱いたことを思い出す。」（松本道介『近代自我の解体』勉誠社、平成七年、一二頁）

もちろん、この著者である松本が、ヒットラーたちの行為を丸山が容認しているなどということなど、断じてないと承知している。しかし、なぜ、丸山はそこまで、近代自我に固執するのかが、不思議だというのである。

松本はこういうふうにもいう。

「丸山の『超国家主義の論理と心理』は、西洋近代がまさに理想であり、日本的なものはオール否定の感がある。理想としての近代に照らしてみると、日本の指導者たちは、いかに卑小で無自覚であったかが暴露される一方、ナチスの指導者たちは近代的自我の持ち主であるという点において肯定され、ほとんど讃美されているようにさえ見える。…(略)…『超国家主義の論理と心理』で讃美されるのは近代であり、近代的自我であった。近代的自我の持ち主は一切の行為に於いて自覚的である。悪をなすにあたってもマキァヴェリ流に悪を自覚している。対象に対して常に距離をとり、対象をものと見なすことによって主体としての自由を保つ。」(同上書、一九―二〇頁)

深沢は、丸山などが金科玉条のごとく信頼し、讃美してきた近代的自我などに、いささかの価値をも認めない。

彼は意識して近代の超克や反近代を発言しているわけではない。そのようなことを考えること自体が人間の堕落につながると考えている。人間は考えることをやめれば、素晴しい存在になるというのだ。無思考、無思想の領域こそ人間の理想だとする。

音楽の世界にしても、深沢はそのなかに哲学や思想が入りこむようなものは邪道だという。ベートーベンなど邪道の典型だという。

「ベートーベンなんて、音楽の本道からそれたようなところで音楽をつくってるね。思想をいれたり、形式美を考えたり…。たとえば第五なんて聞いたら、もう二、三年聞きたくないよ。ところがロカビリーなんか、内容なんてないから本当に楽しめるね、……（略）……ベートーベンなんて、悪魔だよね。音楽の邪道だよ。」（「非行も行いの一つだと思う」『深沢七郎集』第七巻、筑摩書房、平成九年、四〇六頁）

主要参考・引用文献（深沢七郎の作品は省略）

『折口信夫全集』第三巻、中央公論社、昭和三十九年

「深沢七郎と野坂昭如」（『国文学・解釈と鑑賞』第三十七巻七号）、至文堂、昭和四十七年六月

「深沢七郎と五木寛之」（『国文学』臨時増刊号、第二十一巻八号、学燈社、昭和五十一年六月

秋山駿『作家論』第三文明社、昭和四十八年

「深沢七郎の世界」（『別刷・新評』新評社、昭和四十九年七月

井上俊雄『農民文学論』五月書房、昭和五十年

松本鶴雄『深沢七郎論』林道舎、昭和六十一年

松本鶴雄『現代作家の宿命』笠間書院、昭和五十一年

折原脩三『深沢七郎論』田畑書店、昭和六十三年

遠丸立『深沢七郎』沖積舎、昭和六十一年

尾崎秀樹『異形の作家たち』泰流社、昭和五十二年

大里恭三郎『井上靖と深沢七郎』審美社、昭和五十九年

福岡哲司『深沢七郎ラプソディ』ＴＢＳブリタニカ、平成六年

大里恭三郎『孤高の現代作家』審美社、昭和五十八年
松本道介『近代自我の解体』勉誠社、平成七年
浅野茂則『伝説小説・深沢七郎』近代文芸社、平成十二年
新海均『深沢七郎外伝』潮出版社、平成二十三年
勝田吉太郎『民主主義の幻想』日本教文社、昭和六十一年
ポール・ラファルグ『怠ける権利』（田淵晋也訳）人文書院、昭和四十七年
サマセット・モーム『人間の絆（下）』（中野好夫訳）新潮社、平成十九年
梅棹忠夫『わたしの生きがい論』講談社、昭和五十六年
『荘子』第一冊〈内篇〉（金谷治訳）岩波書店、昭和四十六年
岸田秀『続ものぐさ精神分析』中央公論社、昭和五十七年
郡司正勝『かぶき』筑摩書房、平成十七年

二――岡本太郎と縄文土器

柳田国男は、明治四十二年に『後狩詞記』を、そして翌年に『石神問答』、『遠野物語』を世に出した。これらの作品をもって、柳田民俗学の魁とすることに異論はなかろう。

この頃の柳田の心中を強く拘束していたものは、山を中心とする怪異、神秘、不可思議の世界であった。

稲をたずさえて、日本列島にやってきた稲作民に追いやられた先住民の子孫に、柳田はかぎりない同情、憐憫の気持を寄せたと思われる時期がある。

山人は日本列島にかつて文化の花を咲かせた先住民の子孫であると、大正初期のことであるが、はっきりと次のようにのべていたのである。

「拙者の信ずる所では、山人は此島国に昔繁栄して居た先住民の子孫である。其文明は大に退歩した。古今三千年の間彼等の為に記された一冊の歴史も無い。それを彼等の種族が殆と絶滅したかと思ふ今日に於て、彼等の不倶戴天の敵の片割たる拙者の手に由って企てるのである。此だけでも彼らは誠に憫むべき人民である。…（略）…山人が曾て此国に存在したと云ふ単純なる事実からが、既に厳しい吟味批判を受けねばならぬのである。拙者は此出発点の困難を凌ぐ為に、将来に向っても勿論あらゆる便利なる及び不便利なる史料を蒐集し且つ其抵触を解説するだけの勇気を有って居る。」（『定本・柳田国男集』第四巻、筑摩書房、昭和三十八年、四四九—四五〇頁）

柳田は山人たちを、日本列島の先住民の末裔として位置づけ、かぎりない同情を寄せているように思える。そして、その山人の本質を探ることによって、日本文化の古層に触れることができるという夢を持っていたようである。

しかし、大正十五年に『山の人生』が結実するが、ここでは、山人＝先住民という説はかげをひそめる。

このあたりから柳田は日本列島における多民族という視点を捨てたといえよう。山から平地に、つまり山人の文化から稲作文化へと関心を移していった。

山や山人の研究から彼が遠のいていった理由については、いろいろあるが、この研究をとことん貫き通していたなら、柳田は日本人のなかに流れている縄文の血を、縄文の文化を通して、いま一つ違った日本人論、日本文化論を展開していたかもしれない。そしてそれが農本的天皇制国家とは異質のものであるという方向に歩を進めていたかもしれない。

私は大きな間違いを犯しているのかもしれない。それは柳田の山人への同情を高く評価しすぎているのかもしれないということである。柳田の眼は、はじめから農本的天皇制国家の内側に立っている役人の眼であり、その国家の要人の心であったのではないか。

その眼や心は、なにか珍怪なものを、外から覗いているような気がしてならない。山人たちをある時点から切り捨てて、彼の学問的領域は稲作の世界におさまるのである。

私はここで柳田の学問的功績をいささかも否定するつもりはない。ただ、その学問が結果として、どのような方向に向ったかが問題だといいたいのである。

彼は稲作民の習俗のなかに、日本人の精神、「伝統的」精神を見、それをもって、日本列島における日本文化の総体とした。そうすることによって、究極的には、農本的天皇制国家の形成を正当化するための偉大な学問を創造したのである。

このような農本的天皇制国家の文化の中心ともいえる稲作文化に注目し、それを軸にした日本人論、日本文化論などにたいし、そういうものとは違う文化、異質の文化を日本列島に見ようとする人もいる。その一人に岡本太郎がいる。(以下太郎と記す)

太郎は明治四十四年二月二十六日、父岡本一平、母かの子の長男として生れた。昭和四年、十八歳で東京美術学校を中退し、父母の渡欧について行った。芸術志望の若者にとって、あこがれの国、フランスに渡る。彼はこの時、日本に訣別した。昭和五年に太郎はパリで一人暮しをはじめる。

絵を描くことだけでは満足せず、パリ大学、ソルボンヌの哲学科に聴講生として通い、やがて学生となる。

昭和十四年、二十八歳でパリ大学を卒業するまでに、彼は哲学、社会学、心理学、民族学などを学んだ。ミューゼ・ド・ロンム（人類学博物館）にも通った。

昭和十一年にはバタイユに逢う。そのときの印象を次のように語っている。

「最初から、うちとけた、ぐっと踏み込んだ雰囲気だった。今日、すべてが精神的にいかに空しくなっているか。憤りをもって、システィムに挑む同士が結集して、世界を変えて行かなければならない。二人の問題意識、情熱はまさに同じ方向を指していた。バタイユがこの時すでにスュールレアリスムの連中と離れていることを知った。私の筋と一致しているのでうれしかった。」（「自伝抄」『呪術誕生』みすず書房、平成十年、二二八頁）

昭和十五年五月、ドイツ軍はフランスに侵入、六月にパリが陥落する。そのことがあって太郎は日本に帰る。帰国したが昭和十七年には現役初年兵として中国の前線に送られている。軍隊生活四年、収容所での一年を経て復員する。

パリへ向けての出発のときと、帰国の際の太郎の心情をここにあげておこう。

〈日本出発〉

「私は本当に日本に訣別して、よも再び帰へらずとも、と思って居た。芸術の為に一生を捧げる気持で居った私の幼心の裡は相当思ひあがってゐた感情で一ぱいだった。一度他の地に往くからには、再度旧の地に還へらぬ心構へであるべきだと思って居た。…（略）…さらば日本よ、友よ、私は一段と船足を速めた箱根丸の甲板の手すりによって若くしてこそ身一つに感じる漠然とした責任感に夕闇の迫るのをわすれてかたく佇みつくした。」
（「思いでのパリ」『宇宙を翔ぶ眼』みすず書房、平成十二年、二二一―二二二頁）

〈帰国〉

「十一年ぶりに私は日本の土を踏んだ。長い長いパリの生活であった。その間に私はフランスを噛みしめ、そしてパリを味った。私はパリ――実はパリに集中されたフランスの精神の精華を、縦からも横からも観たのだ。私はさう思って、今その長いパリ生活をふり返って見るのである。私はパリに深入りしすぎてゐたかもしれない。だが、私には本当は日本に帰りたかったのだらう。パリの生活が如何に華かであっても、私は日本に預づけて行ったものがある。日本人の心――そんなものかも知れない。…（略）…この長い年月、私の心には、パリの空気に自分自身をとけこませようと思ひながらも、完全に出来なかったものが、ちゃんと一つ置場に置いてあった。父の国、母の国、魂の国。私はフランスの土を踏みながら、パリの街を歩きながら、いつも、日本、日本、と心のうちに叫んでゐたの

である。」(「パリ土産話」同上書、二五七頁)

日本に断固決別して、フランスの土を踏んだにしては、パリ陥落という状況があったとはいえ、あっさりとパリにさよならをし、フランス精神も魂も捨て去って、日本に帰国する太郎とは、いったいなにものかという人もいるであろう。日本回帰の基層の部分に何があったのであろうか。本人は日本の心、日本人の心と呼んではいるが。

恐らく太郎の青春はパリにあった。強く大きな刺激を受け、世界の知性と濃密な関係を結んだはずである。

しかし、そのパリを捨て、フランスを捨て、多くの友人との別れがそこにはあった。ドイツの侵略によるパリ陥落ということだけで太郎はそのフランスの知性と決別したのであろうか。彼は捨て去ったつもりでいても、その知性のある部分は彼の頭のなかに残っていた。しかし、それを凌駕するものが太郎の心中にはあったのではないか。

パリで蓄積した数々の知識、教養をすべて放擲したとはいえないが、これらは頭のなかでの問題で、血となり、肉となっていたかは疑問が残る。いわばそれらは借り物であったかもしれない。それはちょうど、従来のマルキストが、ある時期、借り物を返すように、雪崩をうって転向していった現象に似てはいないか。

一度は捨てたつもりでいた父や母の国、日本で、いま一度自分を見つめ直してみたいとの欲求に彼はかられた。

太郎の日本回帰は、民族主義や国粋主義、忠君愛国の日本主義といったようなものではなく、もっともっと深い近代の日本人が意識することもなかったような、縄文の世界に帰ることであった。

昭和二十六年のことであるが、太郎は東京の国立博物館で縄文土器に出合っている。強烈な衝激を受けた。考古学の資料としては存在していても、美術史の上では完全に無視されていた縄文土器の前に立ち尽したのである。

それを見たときの感動を彼は次のようにのべている。

「何だろう。――縄文時代。それは紀元前何世紀というような先史時代の土器である。驚いた。こんな日本があったのか。いや、これこそが日本なんだ。身体中の血が熱くわきたち、燃えあがる。すると向こうも燃えあがっている。異様なぶつかりあい。これだ！　まさに私にとって日本発見であると同時に、自己発見でもあったのだ。縄文の美は八方に挑んでいる。無限に流れ、くぐり抜け、超自然の神秘によびかける想像を超えた造形。驚異的な空間性。激しく、渾沌に渦巻くダイナミズム。あらゆる意味で、いわゆる『日本美』とはまったく反対だ。…（略）…安易に均衡をとった平面的な農耕文化の伝統は現代日本までおおいつくしている。それをひっくりかえさなければならない。単に芸術だけの問題

でなく、それは生き方そのものにかかわる。」（「自伝抄」前掲書、二四四頁）

日本を捨ててまで花の都パリに渡った太郎が、やっぱり日本だという。パリでの経験があろうと、なかろうと、彼の血のなかには、縄文の世界に行き着く赤い血が流れていたのである。それは日本に回帰するのではなく、日本を撃破し、突き抜けようとする太郎のエネルギーである。

縄文土器の神秘さというか、不思議さ、驚きを次のように語っている。

「じっさい、不可思議な美観です。荒々しい不協和音がうなりをたてるような形態、紋様。そのすさまじさに圧倒される。はげしく追いかぶさり、重なりあって、下降し、旋回する隆線紋（粘土を紐のようにして土器の外がわにはりつけ、紋様をえがいたもの）。これでもかこれでもかと、執拗にせまる緊張感。しかも純粋に透った神経のするどさ。とくに爛熟したこの文化の中期の美観のすさまじさは、息がつまるようです。…（略）…いったい、これがわれわれの祖先によって作られたものなのだろうか？　これらはふつう考えられている、なごやかで繊細な日本の伝統とはまったくちがっています。むしろその反対物です。だから、じじつ、伝統主義者や趣味人たちにはあまり歓迎されなかった。」（「縄文土器―民族の生命力」『日本の伝統』みすず書房、平成十一年、二四―二六頁）

太郎は戦慄を覚えた。この縄文土器が、真に日本列島に住まいしていたわれわれの先祖の作品であろうか。いかなる先祖とも違う、異質の能力を持った人間の作品ではないのか。

これまでの日本の芸術家たちが、伝統芸術といって、もてはやし、宝物のように扱ってきたものなど、この縄文土器は寄せつけない厳しさを持っていると太郎は思った。この土器に酔ってしまった彼は、それまでの「伝統」という言葉に激しい怒りと幻滅を感じてしまった。日本の芸術家たちの美意識に彼は強い不信感を持った。彼はこれまで、金科玉条のごとく認められていた日本の伝統的芸術と、この縄文土器との間には断絶があるという。太郎は次のような発言をしている。

「たしかにそこには美の観念の断絶があるようです。一時は、これは現代日本人とは異なった人種によってつくられた、べつの系統の文化ではないか、と考える学者もあったくらいです。弥生《やよい》式土器や埴輪《はにわ》などには、現代に直結する、いわゆる日本的感覚がすなおに汲みとられます。だが縄文式はまるで異質で、ただちにわれわれと結びつけては考えられない。…（略）…たしかに文化史的に見ても、また形態学の上からも、縄文式とそれ以後の文化とのあいだにはあきらかな断層があります。次代の弥生式から現代日本までは、あの奇妙なチンマリとおさまった形式が、一つの系統としてメンメンとつながっている。」

（同上書、二六―二七頁）

縄文と弥生の土器の違いは、それぞれの作品を生み出してくる生活様式の違いからくるもので、生活と作品は密着した関係にあるという。

それぞれの土器について、その社会的背景を太郎は次のようにのべている。

「縄文式時代は狩猟期であり、弥生式時代には人びとは、かなり大きな聚落《しゅうらく》を作って、農耕生活をおこないました。この二つの異なった社会生産の段階において、生活はとうぜん異なった世界観に彩られます。」（同上書、三〇頁）

太郎は縄文期における採集の問題には、なぜかふれていない。狩猟に限定している。そこでの食料（動物）の獲得は、きわめて危険をともなう闘いになる。闘争がその根本に位置づけられる。それは激しく動的で積極的で移動をともなう。

豊猟のときもあれば、不猟のときもある。不猟が続けば死の危険がともなう。豊猟は歓喜の声があがり、祭りがはじまる。すべてが激しく揺れて神秘的である。移動が常態であるから、未知の世界に突入し、かくれ、また走り、つき進む。不安と孤独の世界である。

このような縄文期にたいし、弥生期は天災を除けば、比較的安定していて、激変はないと彼は楽観視している。

「農耕生活は年々が一定の規律をもった繰りかえしです。もはや闘争は不要です。カレンダーによる周到な計算と、忍耐づよい勤勉がその生活条件となるのです。秋の実のりは蓄積されて、つぎの一年を保証します。まれにおそってくる天災、飢饉《ききん》のほかは彼らの生活を根こそぎおびやかすものはありません。安定と均衡、節度と従順、必然と依存の意識が世界観をささえるのです。」（同上書、三一頁）

同じ行為の繰り返しが農耕生活の基本で、そこに不均衡は生れない。忍耐強く労働し、体制に依存していれば、必要最小限度の生活は保障される。

それぞれの生活が基盤となって生み出される土器は、それぞれの特徴を持つことになる。縄文土器の大きな特徴は、隆線紋であるが、これは縦横にのびのびと躍動している。左右不均衡である。獲物を発見し、追いかけ、闘う生活から生れる。きわめて不安定で、流動的である。それにたいし、弥生期の土器は、均衡のなかにすべてがちんまりとおさまっている。

技術だけ見れば、弥生土器の方が進歩しているが、それは静かに平面化され、小さくかたまってしまう。これは農耕人が農耕という生活基盤の上に定住し、田畑を区切り、効率的にされているところからくるものだという。

太郎は不協和音が大きいほど好きで、矛盾と緊張、不調和と不安定のなかで生きて初めて新しいものが生れると思っている。彼はこういう。

「このすさまじさに心を引きさかれながら、いつのまにか、身のうちに異様な諧調が共鳴しはじめます。それはなまぬるい気分ではぜったいにとらえることのできない、超自然的な力と均衡なのです。非情なアシンメトリー。そのたくましい不協和のバランス。これこそれわれが縄文土器によって呼びさまされ、身にとらえなければならない、大きな伝統の感動であると信じます。」（同上書、三二頁）

さらに彼は空間性の問題をとりあげる。そもそも空間というものは彫刻の世界では外側、背景として考えられてきたものであるが、縄文土器はその空間というものを、内面にとりこみ、造形要素に転化しているという。これは前衛芸術の特徴であるが、縄文土器は、それに勝るとも劣らず、かえって激しさを持っているという。

この激しさが、いかなる背景から生れてくるか、彼はこの様に説明している。

「狩猟期に生きた人間の感覚は、きわめて空間的に構成されているはずです。獲物の気配を察知し、しかも的確にその位置をたしかめ、つかむには、鋭敏な三次元的感覚がいるにちがいない。それによって生活した狩猟期の民族が、われわれの想像をはるかに越えた、するどい空間感覚をそなえていたことはとうぜんです。そういう生活なしには縄文土器のあのように的確、精緻な空間のとらえかたは考えられません。」（同上書、三三頁）

極論すれば、太郎は日本列島のなかに、それまでのいわゆる日本の伝統文化と呼ばれていたものとは、まるで違う世界を覗いているように思える。縄文土器を生み出す、もう一つの日本があったということなのか。

このことは日本文化の相対化の一つの契機となるものでもある。この彼の視点は、作家島尾敏雄が、しばらく奄美大島で暮しているうちに体感したものと似かよっている。

島尾は奄美の風俗、習慣から受け取れるものが、農本的天皇制国家のなかにおける、日本人のそれとは異質のものであることに気づいた。彼はこんなことをいっている。

「奄美の生活の中で感じはじめた、本州や九州では味わえなかったものを私はいくつか体験し、それに或る酔いを感じた。ごくわずかなものを具体的に取り出していえば、民謡の旋律や集団の踊りの身のこなし、会釈の仕方とことばの発声法等、……の複合の生活のリズムのようなものが私を包みこみそして酔わせた。…（略）…本州や九州に於いて祭やアルコールのたぐいで意識を解放させたときにあらわれてくる、日常の日本とまるで似つかわしくない放散はいったい何だろう。…（略）…奄美には日本が持っているもうひとつの顔をさぐる手がかりがあるのではないか。」（『ヤポネシア序説』創樹社、昭和五十二年、八—九頁）

従来の日本列島のなかで継承されてきたものとは異質の世界にひきずりこまれた島尾は、衝激を受けたのである。

日本全体を知るための手段には、いろいろなものがあるが、この奄美の探索はその一つになるであろうと彼はいう。

農本的天皇制国家のなかで醸成されてきた日本文化の連続性を断ち切る視点を、島尾も太郎も提起している。

太郎に話を戻すが、従来もっともらしく語り継がれてきたヨーロッパや大陸から輸入されたもの、あるいはその尺度によって評価されたものを、打破するほどのエネルギーを彼は持っている。

このことは、従来「前史」として、日本の「正史」からは切り捨てられてきたものに、照明を当て、日本「正史」を相対化する視点ともいえる。谷川健一がこの「前史」について興味ある発言をしている。

「これまでの日本の歴史は弥生時代以前にさかのぼることはなく、縄文時代の歴史は、『前史』として、それ以降の歴史から切り離された。しかし幾千年に及ぶ先住民もしくは原住民の生活と意識が、日本の歴史の骨格を、もっと深部において形づくっていないはずはない。それなくしては日本列島社会の歴史を総体として把握することはできない。その深層の意識の部分を切りすてた歴史は、首を胴体から切りはなした『首なし馬』にひとしくはないか。」(『白鳥伝説』集英社、昭和六十一年、五二九頁)

農本的天皇制国家が誕生してからの歴史にたいして幾千年にもおよぶ長い歴史を持っている時代を空白にしていいのか。太郎がそのことを意識していたかどうかは別として、彼の縄文土器への志向は、従来の日本の伝統的芸術を絶対化しないものである。彼の心情は、近代的知の領域をはるかに超え、縄文人のそれと重なっている。対象化し、細分化して、のちにそれを総合するといった方法では、縄文土器の美はわからない。彼にとって芸術は呪術なのである。

太郎の言動からわかることは、彼は芸術家であるが、思想家でもあるということだ。彼の縄文への志向を、日本回帰だという人もいれば、日本の超近代主義だという人もいる。

日本回帰や古層文化への着想が、外圧に抗してゆく契機を持っていることはいうまでもないが、回帰することや古層を探るというものが、ヨーロッパの近代の知に、ただ反抗してゆくというものであるならば、それは近代化の過程で生じる一つの「近代的反動」でしかない。思想を湧出する土壌に注目も探索もすることもなく、回帰だの古層だのと叫んでみても、それは反体制の思想を排除し、攻撃する役割をはたし、支配のイデオロギーの餌食になるしかない。

日本文化の古層に照明を当て、日本民族の精神史に新しい鍬をぶちこもうとしたものに、柳田国男の仕事があることは、周知の通りである。

先にも少し触れたが、彼の偉大と称される学問にたいし、それを否定する者はいないであろう。しかし、私はこの偉大な学問にたいして少しだけ不満を持っている。それは日本列島の文化の古層に照明を当てたというが、どのあたりに、どの程度の深さで、どういう角度からかという問題である。

浅慮な思いを恐れずにいうならば、日本の近代国家形成とその発展にとって、有効なものとしての古層に注目しすぎたのではないかということである。それを稲作文化のなかに探るという方向が柳田の最終的なものではなかったかという点である。

民俗学という学問の本来の姿は、国家などとは関係なく、生き死にする民衆のでこぼこの日常性を貫いて流れる赤い血を正確に掘りおこし、日本人のありようを足の裏から覗こうとするものでなければなるまい。ところが多くの場合、民衆の実生活、心情への照射、発掘といいながら、じつは国家や権力のために、必要不可欠なものだけをすくいあげ、それを拡大し、なおかつ作為し、「あるべき」日本人像の形成および日本文化論創設に協力し、それをもって「常民」の学と豪語している人たちが多い。その目的のためにただ歩けばいいという民俗学者（？）がなんと多いことか。

縄文土器のなかに、縄文人の魂を発見した太郎は、それまでの近代的知という枠組みで構成されている芸術品をぶちこわした。

神秘、呪術、祈りといったものを人間の生活の前面に押し出し、均衡、進歩、合理、科学といったものを絶対視する世界からの脱却を試みた。それまで世間の常識とされた道徳、倫理にとらわれることのない、原始宗教に太郎は人間の本源的生命力を発見したのである。

彼は弥生的農耕文化と体質的に合わない。黙って忍耐強く生きておれば、なんとかなるという平々凡々、のっぺりとした平面的な日常に耐えられないのである。爆発的発散のない生活には満足できない。とにかく、不安定、不均衡、偶然のなかに自分を置いて、その緊張のなかに生きたいのである。

太郎の発言を聞いてみよう。

「農耕社会は蓄積を前提とする。種をまき、収穫を待って、じっくり貯めている。その計画性は生命の保全の条件だ。投資信託みたいに、じいっとさからわないで待っていれば、財産がふえるだろうという——これは、ちょっと言いすぎかもしれないが、ああいうのは何か、私にはピンとこないのだ。そういう根性こそが人間を堕落させたのではないか。忍耐力と、システマティックな労働の持続だけが要求される世界では、人間は偶然に賭けることをしない。生命力のほとばしるまま、無目的に爆発し、危険をおかすという、自由の表情はない。逆に、そんな奔放、自由を抑えてしまうのだ。ここでは、均衡が美徳なのである。」(『神秘日本』中央公論社、昭和三十九年、一〇一―一〇二頁)

太郎は、ただきめられた枠のなかでの単調な農作業をあまり評価しない。勤勉と忍耐でなんとか生きてゆけるという道徳、倫理規範にしたがうことは、一種の功利主義だと彼はいう。自分は次のようなモラルと闘ってきたのだという。

「このような自然と体制に対して無力なモラルが、現代日本人の精神をかなり規定し、支配していることは確かだ。苦労することだけが価値のように言う。正しく、激しく、自分の責任において苦悩し、生きるのではない（私はいつも苦悩と苦労という言葉を使い分ける。それはしばしば正反対の意味をもつと考えるからだ）。ハツラツとした積極性を失い、強烈な意志をにぶらせることが、逆に人間の成果であるような。苦労の中に埋没してしまうだけ。日本人は勤勉だし、努力家だが、いつでも枠がある。私はこういうモラルと闘って行きたい。」（同上書、一〇二頁）

太郎は農本主義的「働き主義」というものが嫌いなのだ。働いて、働いて、働き死ぬことを美徳と考え、逆に余暇、遊びを罪悪と考える日本人の労働観、人生観を彼はわらう。わらうどころか、憎悪さえ感じている。

農耕を中心とした国家のなかで、それを支える忠良なる人間には、労働が常に強要され、それのみが美徳とされ、唯一の価値となる。その環境のなかで、苦しい自虐的な生き方が神聖視され、評価されたのである。

西欧に較べ、日本の資本主義、近代化は遅れをとった。西欧列強に負けじとばかり、低賃金、長時間労働という過酷な条件のもとで、その道を走った。

都市労働者もその多くは、農村から流出した人たちであり、農村で養われた働く意識は、そのまま継承されていった。農村での勤勉の理想像である二宮金次郎は日本列島全体の働く人の理想像になった。つまり、稲作の世界における労働が、日本人の労働観に継承されていったのである。

こういう労働観に較べ、狩猟生活は働くということを道徳化しても、それで生活が保障されるということはない。そこでは、不安定、偶然というものが支配し、その緊張感のなかで生きることが日常となる。そこには他の動物たちとの血の交歓があり、呪術があり、祭りがあった。太郎は次のようにいう。

「動物と闘い、その肉を食み、人間自体が動物で、食うか食われるか、互いにイノチとイノチの間をきりぬけ、常に生命の緊張を持続させながら生きて行く。このいのちの交歓の中に、動物と人間という区別、仕切りはなかった。あの残酷なロマンティスム。動物だけではない。自然のすべて、雨も風も、海も樹木も、あらゆるものと全体なのである。縄文土器の戦慄的な魅力もそこにある。」(同上書、一〇三頁)

同じ貧困でも、稲作と狩猟では違う。前者の場合、もちろん自然環境によるものも大きいが、人為的収奪、つまり搾取による貧困がより大きい。狩猟の場合、飢えはあるが、政治的、作為的貧困は少い。まったくの偶然による生活である。縄文人は人間の力を超えた巨大なものによって生かされている。それはきわめて神秘的であり、呪術的、宗教的である。

縄文人にとって捕獲の対象物である動物も、近代人が思うような対象物ではなく、尊敬に値する神でもある。その神である動物の肉を食すことによって、その動物の霊を人間は体内に吸収する。そこに感謝と祈りが生れる。

縄文期は宗教、呪術の時期であり、そこに生きる人々は純粋で敬虔な宗教人であった。縄文土器に心酔した太郎は、日本の従来の伝統文化とか、伝統的美意識といったものに不快感を示している。

近代主義者たちが、軽々に伝統ということをもちだし、それに依存し、それを絶対的なもののようにいいふらし、権威ありげに使用している。そのことに太郎は強い不信感を抱く。やれ法隆寺だ、唐招提寺だというが、これらも元をただせば外来の文化の輸入であり、模倣であるにすぎないという。ただ、それらが西欧文化の偏重にたいし、アジアの文化を対抗させただけで、それは浅慮な日本回帰だという。

いずれにしても、日本人の血のなかから、あるいは日本の土のなかから生れたものではない。軽薄にして単調なものを彼は伝統主義という。

昭和二十五年のことであるが、法隆寺金堂の失火で壁画が焼失した。このニュースが重大ニュースの九番目であったことに太郎は注目した。そして、この法隆寺の焼けたことなどなげく必要はなく、自分が法隆寺になればいいと次のようにいう。

「だが嘆いたって、はじまらないのです。今さら焼けてしまったことを嘆いたり、それをみんなが嘆かないってことをまた嘆いたりするよりも、もっと緊急で、本質的な問題があるはずです。自分が法隆寺になればよいのです。失われたものが大きいなら、ならばこそ、それを十分に穴埋めすることはもちろん、その悔いと空虚を逆の力に作用させて、それよりもっとすぐれたものを作る、そう決意すればなんでもない。そしてそれを伝統におしあげたらよいのです。そのような不逞《ふてい》な気魄《きはく》にこそ、伝統継承の直流があるのです。」（『日本の伝統』、八頁）

伝統主義というものが、真の伝統をないがしろにしていると太郎はいう。守るべき真の探索もなく、西欧近代の知を借りて、文化、芸術の伝統を軽々に語っている評論家が多いことを彼は嘆いている。

例えば彼は亀井勝一郎の作品から次のような文章を引き、「もうとてもいけません」と次のようにいう。

「たとえば、『百済観音《くだらかんのん》の前に立った刹那《せつな》、深淵を彷徨《さまよ》うような不思議な旋律がよみがえってくる。仄《ほの》暗い御堂の中に、白焔がゆらめき立ち昇って、それがそのまま永遠に凝結したような姿に接するとき、われわれは沈黙する以外にないのだ。その白焔のゆらめきは、おそらく飛鳥《あすか》びとの苦悩の旋律でもあったろう』（亀井勝一郎『大和古寺風物誌』）などとやられると、もうとてもいけません。」（同上書、五頁）

近代主義的伝統主義者が、勝手に、しかもペダンティックにつくりあげた伝統というものは、自分たちの生活感情から湧出してきたものではない。

このようなことは、心ある哲学者である三木清などもわかっていた。三木は太郎のいう伝統主義者の誤り、伝統と創造の深いつながり、異物と伝統の違いなどに触れ、次のようにのべている。

「いわゆる伝統主義者は伝統が現在の立場から行為的に作られるものであることを忘れ、かくて遺物と伝統の如く或いは伝統を遺物の如く考えるという誤謬に屢々陥っている。」(『哲学ノート』中央公論社、平成二十二年、二八頁)

「いわゆる伝統主義者は人間の独立的活動を否定することによって伝統と単なる遺物とを区別することさえ忘れている。」(同上書、三一頁)

前述したように、法隆寺の焼けたことなど、そんなに大きな問題ではないし、泣いてみたっていかんともしがたいことで、むしろ結構ではないかと太郎はいう。

「私は嘆かない。どころか、むしろけっこうだと思うのです。このほうがいい。今までの登録商標つきの伝統はもうたくさんだし、だれだって面倒くさくて、そっぽを向くにきまっています。戦争と敗北によって、あきらかな断絶がおこなわれ、いい気な伝統主義にピシリと終止符が打たれたとしたら、一時的空白、教養の低下なんぞ、お安いご用です。」

（『日本の伝統』、九頁）

形骸化した伝統主義など破壊され、霧散してしまってもかまわないし、そうなったほうがむしろいい。この大胆な発言は、日本近代の伝統主義にたいする激しい挑戦なのである。

この太郎の発言にきわめて近い人に、作家の坂口安吾がいる。安吾も太郎と同様、法隆寺などなくてもかまわないという。あれこれ装飾をほどこし、人為的に細工したものよりも、素朴で、ありのままで、余分のものがないものが本当に美しいのだと彼はいう。

ブルーノ・タウトが絶賛した桂離宮などは不必要だという。現実の日常に重きを置き、生活に密着したもの、一片の余分のものもないものが美しいという。これは柳宗悦の民芸の美と同じである。

日本の伝統を守ると称して、近代主義者が、いろいろと理屈をつけて賞賛してきた浅慮な日本文化にたいし、安吾は柳と同様異なった尺度を用意したのである。

安吾の美にたいする視点は、日常の生活が必要とするという点に固執していることである。古典的日本文化の賛美者たちが聞けば卒倒するであろうものに、安吾は美を見ている。

彼は次のようなものを美しいという。その一つは、「小菅刑務所」である。この刑務所についての安吾の評価はこうである。

「汽車はこの大きな近代風の建築物を眺めて走るのである。非常に高いコンクリートの塀がそびえ、獄舎は堂々と翼を張って十字の形にひろがり十字の中心交叉点に大工場の煙突よりも高々とデコボコの見張の塔が突立っている。勿論、この大建築物には一ヶ所の美的装飾というものもなく、どこから見ても刑務所然としており、刑務所以外の何物でも有り得ない構えなのだが、不思議に心を惹かれる眺めである。」(「日本文化私観」『坂口安吾全集』⒁、筑摩書房、平成二年、三七九頁)

次に安吾は、聖路加病院の近くにあるドライアイス工場をあげている。聖路加病院の大建築物と比較すれば、このドライアイス工場は、きわめて小さく、貧弱なものである。しかし、質量感ということになれば、この工場の方が圧倒的であり、逆に病院の方は、子どもの細工のようなものだという。

この工場も、余分の装飾は一切なく、美的考慮はなされていない。ただ必要であるがゆえの設備だけである。安吾の胸はそのことに強く打たれるのである。

いま一つ、安吾は小さな入江に浮んでいる軍艦をあげている。

「それは小さな、何か謙虚な感じをさせる軍艦であったけれども、一見したばかりで、その美しさは僕の魂をゆりうごかした。」(同上書、三八一頁)

安吾は、近代の美術評論家たちとか芸術評論家たちとは、違う眼を持っていた。日常的に使われ、素朴で、無駄なものはなく、装飾もなく、ごくシンプルなものに注目していたのである。

安吾はこういっている。

「この三つのものが、なぜ、かくも美しいか。ここには、美しくするために加工した美しさが、一切ない。美というものの立場から付加えた一本の柱も鋼鉄もなく、美しくないという理由によって取去った一本の柱も鋼鉄もない。ただ必要なもののみが、必要な場所に置かれた。そうして不要なる物はすべて除かれ、必要のみが要求する独自の形が出来上っているのである。」(同上書、三八二頁)

必要不可欠だから、そこにあるわけで、必要でないものは、そこにはない。突然頭上から何物かが飛び出してきていても、それはそうすることが必要だからそうなっているのだという。

安吾の美意識というものは、太郎と同じで世間でいうところの美しさなどとは次元が違う。単純で素朴で生活に密着している必要がある。法隆寺は焼失してもかまわぬが、停車場はなくなってもらっては困るという。

太郎に話を戻すが、柳宗悦が美の条件の一つに「無名性」をあげているが、太郎も「素人」を高く評価する。

「素人こそはほんとうの批評眼を持っているはずです。玄人はいろんなことを知っています。約束ごと、イワク因縁、故事来歴。そんなものを知っていればいるほど、彼らはそれにひっかかり、本質にふれなくなる。つまり彼らは鑑定家《エキスパート》であるにすぎないのです。名所旧跡の立札係にはけっこうですが、そのまま芸術の領域にまで立ちいられたのではかなわない。ある屛風《びょうぶ》がたとえば宗達《そうたつ》作であるか、あるいはそう伝えられているけれどもニセモノだというようなことは、その作品じたいの芸術的価値とは、ぜんぜんかかわりがない。ほんものであろうがなかろうが、よければよい、わるければわるいのです。」（『日本の伝統』、一二頁）

専門家とか玄人と呼ばれている人たちは、余分なプライドが優先し、真の姿が見えなくなっているというのである。ここで太郎がいっている素人とは、幼児であってもいいし、縄文人、原始人であってもいい。それは分析力とか芸術性といったものを捨てた人のことである。

近代的知識人たちは、わずかな知識、教養をひけらかし、昔は良かった、今はダメだと叫んでいるが、こういう人物を太郎は許せないのである。

次に私は、縄文へのこだわりという点での宮沢賢治と太郎のつながりと異点について少し言及しておきたい。

太郎と賢治は、二人とも縄文の世界に自分を投入したいという思いがあったが、その世界の描き方はそれぞれ違うものがあった。

太郎の場合、縄文土器に関する限り、狩猟の世界に限定している。相手は動物であり、それも激しい闘いの世界を想像している。食うか食われるか、やるかやられるか、この緊張した世界である。

狩猟の文化にあっては、闘い取ることが至上命令だし、そこには激しい動的、積極性が要求される。太郎はここに注目した。しかし、縄文の生活は、狩猟のみではない。海や川での漁労もあれば、山や野での採集もある。

賢治は、狩猟に限定することはない。もっともっと拡大した自然との協調とふれあいを大切にしている。

これまで幾度となく主張してきたことであるが、賢治は現実世界にあっては、東北農村、農民のために死力を尽してこれを支援し、協力してきたが、時おり見せた縄文の世界への熱い思いがあった。

賢治の農への献身は周知の通りである。農学校での研究がそのまま農業指導に有効であったときなど、農民は彼に惜しみなく感謝の意を表した。経済的に少し余裕のある青年にたいしては、羅須地人協会で農業以外の指導も行って、青年たちを喜ばした。

それでも東北の自然には彼の科学的知識などよせつけない厳しさがあった。一人淋しく田畑にたたずみ、肩をおとし苦渋に満ちた賢治の姿がしばしば見られた。田畑での彼の姿も一つの絵になるが、他の動物たちや、植物などとの共存の姿も、やはり賢治の姿であった。

農への献身の裏側に、彼の精神の安息場所として縄文の世界があったことを想像するのは困難なことではない。

賢治の心中深く、そういう雰囲気の淵源があるように思える。山中に存在する聖なるもの、神秘的なるものに、彼は身体全体で触れた。無意識のうちに彼の精神は、遠い遠い稲作以前の狩猟採集文化、縄文文化に共鳴している。

賢治も西欧文化から多くのものを学んではいるが、自然破壊をもって人類の進歩などとは考えてはいない。そして自我の拡大が近代化の方向であり、人類の進歩であるというならば、賢治は逆の方向を向いている。

盛岡高等農林学校で地質学や土壌学、肥料学などを学び、東北農村、農民のために、学んだ知識を惜しみなく捧げた。化学肥料が自然破壊につながることなど百も承知していたが、それでも、東北農村の稲作の豊かさを願い、やむにやまれず使用したものと思う。それは縄文の文化とは相容れないものであることではあったが。

厳しい自然のなかで、稲作の収穫を少しでもふやすためにやむをえないことであった。

しかし、彼の願いは地球上の生態系の維持であり、そこに絶対的価値を置いていた。近代人の多くが飲まされてしまった毒を賢治は飲みたくはなかった。

表面的に稲作のことを考えながらも、彼の精神は原初の世界に飛翔したかったのである。したがって、東北に蠢く霊力を呼び戻し、人間以外の生物と共存しながら、そこから湧出する情念を唄い、そして踊った。風や光や土や樹の霊のつぶやきが彼には聞こえた。太古の昔、地球上に存在したすべての生きものの共通語を賢治は理解することができたし、交歓も交信も可能であったように思う。

生活の場を東北岩手においていた賢治は、この風土の深層から吹き出す空気を自分のものにしたかった。つまり、縄文の空気を体内の深いところに宿したいということである。

大自然、宇宙と一体となって、はじめて自分の存在が許されるということを彼は認識し、また、その恐怖をも知っていた。それだからこそ、この世は彼にとって修羅の世界でもあった。自分が生きることは、他を犠牲にすることである。他を犠牲にしないためには、自分が死ぬしかないのである。「よだかの星」も、「グスコーブドリの伝記」も「なめとこ山の熊」にしても、そういう世界である。

「なめとこ山の熊」に登場する猟師小十郎は、熊を撃って、その毛皮や肝を売って生活している。田畑もない彼には、それ以外に家族を養う道はない。この生活事情を彼は熊に話す。熊もまた小十郎に話しかける。

「イヨマンテ」という祭りがある。熊の霊を天上の神に送るセレモニーであるが、賢治は人間と熊を逆にしている。

梅原猛の説明を引いておこう。

「イヨマンテは、人間が熊の霊を神に送る儀式である。おそらくそれは狩猟採集生活をしていた人間にとって、生きるためにはどうしても必要な、動物殺害という行為を合理化するために考え出された荘厳な宗教的儀式であろう。アイヌは、自らの手で養い、大きくなった熊を、厳密に定められた礼法によって丁重に殺し、そしてその熊の魂を天に送る。賢治がこの『なめとこ山の熊』の最後の文章で語ろうとしているのは、人間が熊を送るのではなくて、熊が人間を天に送るイヨマンテなのである。」（『日本の深層』佼成出版、昭和六十年、七五頁）

梅原がいっているように、ここで賢治は人間が熊を天に送るのではなく、熊たちが猟師小十郎を送る儀式にしている。人間と動物が一体となり、どちらが主でどちらが客ということはない。ここで小十郎は菩薩になっている。

「なめとこ山の熊」の最後の文章をあげておこう。

「とにかくそれから三日目の晩だった。まるで氷の玉のような月がそらにかかってゐた。雪は青白く明るく水は燐光《りんくわう》をあげた。すばるや参《しん》の星が緑や橙にちらちらして呼吸をするやうに見えた。その栗の木と白い雪の峯にかこまれた山の上の平らに黒い大きなものがたくさん環《わ》になって集って各々黒い影を置き回々《フイフイ》教徒の祈るときのやうにぢっと雪にひれふしたまゝいつまでも動かなかった。そしてその雪と月のあかりで見るといちばん高いところに小十郎の死骸が半分座ったやうになって置かれてゐた。思ひなしかその死んで凍えてしまった小十郎の顔はまるで生きてるときのやうに冴《さ》え冴《ざ》えして何か笑ってゐるやうにさへ見えたのだ。ほんたうにそれらの大きな黒いものは参の星が天のまん中に来てももっと西へ傾いてもぢっと化石したやうにうごかなかった。」（『宮沢賢治全集』(7)、筑摩書房、昭和六十年、六九頁）

何度もいうように、狩猟生活にとって、獲物は敵であると同時に仲間でもある。聖なる存在であり、神でもある。その神を食す以外に生存できない。そこに祈りが生れ、呪術が生れる。太郎は人間と他の動物との激しい格闘を主張する。食うか食われるかは時の運で、偶然が大きく影響する。呪術と神秘の世界である。田畑の作業のように、一定の地域において、人間がそれに参加するというものではなく、常に移動しながら獲物を探すことになる。しかもそのことが無限に続く。危険、恐怖と背中合わせのなかで生きることになる。飢餓か満腹かはまったくの偶然である。

近代的思考で覆いつくされている世界にあっては、論理が優先し、呪術、神秘のつけいるスキはない。この論理的思考を主軸にしているかぎり、ことの本質を見抜くことは不可能である。

この近代的志向を信仰している人たちは、この思考が未熟で、近代的自我が未熟であるから、あのナチズムが作った強制収容所、アウシュヴィッツが生れ、多くの殺人が行われたという。

そうではあるまい。これらの殺人行為は、近代科学の粋を集めたものの結果ではなかったか。ただ人間を殺すだけではない、衣類、眼鏡、義手、義足、入れ歯の金など、奪えるものはすべて奪った。

自と他の分離、自が他を対象化することによってはじまる近代的思考は、人間が他の生物を圧迫し、支配してゆくもので、人間にとって益するものだけが価値あるものになり、強者が弱者を抑圧してゆくことにつながる。ヨーロッパが非ヨーロッパを植民地化してゆくことも、その延長線上にある。

この歴史的過程のなかで、何度もこの抑圧から逃れようとした呪術的なものは、そのたびに、無気味なもの、邪悪なものとしてふみつぶされていった。

太郎はこの呪術的なもので近代を撃ち、それまでの伝統的芸術を撃った。「芸術は爆発だ!」、「日本人は爆発しなければならぬ!」の根源には、それがある。呪術的なこころ、祈りこそが縄文土器を生みだした。神秘的不可視のなかで全宇宙の一員として人間は生かされているという自覚のなかに、縄文の精神を太郎は見た。

主要参考・引用文献（岡本太郎の作品は省略）

山下裕二『岡本太郎宣言』平凡社、平成十二年
谷川健一『白鳥伝説』集英社、昭和六十一年
梅原猛『新版・日本の深層』佼成出版、昭和六十年
佐治芳彦『謎の縄文列島』徳間書店、昭和六十四年
坂口安吾『坂口安吾全集』⑭筑摩書房、平成二年
鶴見和子『漂泊と定住と』筑摩書房、昭和五十二年
宗左近『日本美・縄文の系譜』新潮社、平成三年
島尾敏雄『ヤポネシア序説』創樹社、昭和五十二年
三木清『哲学ノート』中央公論新社、平成二十二年
吉本隆明編集・解説『国家の思想』〈戦後日本思想体系⑸〉筑摩書房、昭和四十四年
平野曉臣『岡本太郎』ＰＨＰ研究所、平成二十一年
『岡本太郎の東北』〈写真・文―岡本太郎、監修―岡本敏子〉毎日新聞社、平成十四年
岡本敏子『岡本太郎に乾杯』新潮社、平成九年
赤坂憲雄『岡本太郎の見た日本』岩波書店、平成十九年

三——竹久夢二断章

1　夢二と関東大震災

関東地方全域を襲った大震災の直後、竹久夢二は、その震災の跡を見て歩き、スケッチと短文を残している。

大正十二年九月一日が大震災の日であるが、それから二週間後の九月十四日から十月の八日まで、二十一回にわたり、「都新聞」に「東京災難書畫信」を連載している。震災直後の混乱状態を考慮すれば、なんというすばやいとりかかりであったか。一瞬でも遅れれば消えてなくなってしまうものを惜しむかのように、夢二は歩いた。

彼は一方で「夢二式」という美人画を描いて人気を博していた。弱々しくも美しい女を描くことによって夢二は夢二たりえていたのである。

しかし、そのことだけを拡大し、誇張したのでは、夢二に内在する精神の大事な部分が消えてしまう。

最初の大正十二年九月十四日の「東京災難畫信」をまずとりあげておこう。

近代文明のすべてを集中したかのような花の都東京の風景が一瞬にして破壊されたのである。次のように書いている。

「大自然の意図を誰が知つてゐるだらう《ろ》。自然は文化を一朝一掘りにして、一瞬にして、太古を取り返した。路行く人は裸體《たい》の上に、僅に一枚の布を纏《まと》つてゐ《い》るに過ぎない。何を言ふ《う》べきかも知らず、黙々として、ただ左側をそろそろ歩いてゆく。命だけ持つた人、破れ鍋をさげた女、子供を負つた母、老婆を車にのせた子、何處《こ》から何處へゆくのか知らない。ただ慌しく黙々として歩いてゆく。おそらく彼等自身も、何處へゆけば好いのか知らないのであらう《ろ》。」(「都新聞」大正十二年九月十四日、竹久みなみ監修『竹久夢二「東京災難畫信」展集』発行所・ギャラリーゆめじ、平成二十三年、八頁)

自然のとてつもない巨大な暴力の前には、科学、技術を含む人為的なものが、いかに弱く、頼りないものであるかを夢二は指摘している。夢二が愛してやまなかった江戸の下町情景の残りが、すべて破壊されてしまったのだ。

自然を対象化し、破壊し、支配する人間を主体とするヒューマニズムなど、吹けば飛ぶようなものとの認識を夢二は持っていた。

自然が「一瞬にして、太古を取り返した」とは、けだし名言である。

もともと人間は、非合理的存在であるにもかかわらず、科学だの、理性だのと、近代的知をもって、人間がたどりついた最高の価値のように思っている。

しかし、関東大震災のような自然の暴力の前では、人間は元の姿にかえる。近代的知の弱さを知り、神や仏にすがりつく。

次の日、夢二は次のような文章を書いている。

「浅草観音堂を私は見た。こんなに多くの人達が、こんなに心をこめて禮拝《れいはい》してゐる光景を、私ははじめて見た。琴平様や増上寺や観音堂が焼残ったことには、科学的の理由もあら《ろ》うが、人間がこんなに自然の惨虐《ざんぎゃく》に逢って智識《ちしき》の外の大きな何かの力と信じるのを、誰が笑へ《え》るでせ《しょ》う。神《かみ》や佛《ほとけ》にすがってゐ《い》る人のあまりに多いのを私は見た。観音堂《かんのんどう》の『おみくじ場』に群集して、一片の紙に運命を託さ《そ》うとしてゐ《い》る幾百の人々を私は見た。それは必ずしも日頃神信心を怠らない老人や婦人ばかりではない。白セル服のバンドにローマ字をつけた若い紳士やパナマ帽を被った三十男や、束髪を結った年頃の娘をも、私は見た。」

(同上紙、九月十五日、同上書、一〇頁)

神仏に依存することを迷信だとして無視してきた人たちが、いま、こうして神仏にすがろうとしているのだ。呪術的と呼ばれたものが、いざというとき、どれほど必要なものであるかを人々は知ったというのである。

もともと人生に意味などない、といった一人にサマセット・モームがいるが、彼は「人間の絆」でそのことをいっている。

人生の意味や、生甲斐というものが、いかに、はかないものであるかを教えてくれた人は、かなりの人数にのぼることは知っておく必要がある。人は聖人でも賢者でもない。いつでも堕落する。「人間は堕ちる」存在だといったのは坂口安吾である。安吾は戦後の人間を次のように観察している。

「戦争は終った。特攻隊の勇士はすでに闇屋となり、未亡人はすでに新たな面影によって胸をふくらませているではないか。人間は変りはしない。ただ人間へ戻ってきたのだ。人間は堕落する。義士も聖女も堕落する。それを防ぐことはできないし、防ぐことによって人を救うことはできない。人間は生き、人間は堕ちる。そのこと以外の中に人間を救う便利な近道はない。」(『坂口安吾全集』⒁筑摩書房、平成二年、五二一頁)

人間が知によってのみ生かされているのではないことを、安吾も夢二も知っていた。九月十七日には、「煙草を売る娘」を書いている。土の上に正座して、「朝日」という煙草を売っている娘の姿がある。

「やっと命が助かって見れば人間の慾には限りがない。どさくさの最中に、焼残《やけのこ》った煙草を売っている商人の中には定價《ていか》より安く賣ったものもあれば、火事場をつけこんで定價より二三割高く賣った商人もあったと聞く。…（略）…煙草をパンに換《か》へて終《しま》ったら、この先《さ》き娘はどうして暮らしてゆくのであらう。賣るものをすべてなくした娘、殊に美しく生《うま》れついた娘、最後のものまで賣るであらう。この娘を思ふ時、心暗澹とならざるを得ない。さ《そ》うした娘の幸不幸を何とも一口には言い切れないが、賣ることを教へたものが誰であるかが考へ《え》られる。恐怖時代の次に来る極端な自己主義《エゴイズム》よりも廢頽《はいたい》が恐ろしい。」（同上紙、九月十七日、竹久みなみ、前掲書、一四頁）

この娘は両親を失ってしまったのか。彼らは生きていても傷ついていて歩けないのか。彼女は、ただ、ただ、食うために、煙草を売っている。夢二はこういった弱者を見逃すことはない。これを買ってくれる人がいなければ、死がやがて訪れるであろう。

紡績工場で働く若年女子労働者たちの実態を詳述した細井和喜蔵の『女工哀史』に登場する悲しい娘たちと符合する。

この大震災で忘れてならないのは、この機にかくれて日本の国家権力の朝鮮人、社会主義者の弾圧と虐殺であり、民衆自身も参加した「自警団」の問題である。「自警団」とは次のようなものであった。

「朝鮮人暴動の流言が広がると、罹災地やその周辺の町内はもとより、近郊の村にまで自警団が自主的につくられた。朝鮮人さわぎで興奮した人びとは、血眼でだれかれの差別なく道行く人を検問し、夜警にも立った。そしてすこしでも朝鮮人くさいとなると、朝鮮人だろうが日本人だろうが、見さかいもなく叩きのめし、果てには殺しさえしたのである。」（鶴見俊輔著者代表『日本の百年6―震災にゆらぐ』筑摩書房、昭和三十七年、六八頁）

国家権力による弾圧、抹殺に加担する一般民衆の心情が悲しくも恐ろしい。弱者にたいする攻撃に快哉を叫ぶ民衆の気持には、いつの時代も注意する必要がある。

根も葉もないことを理由にして、この機に乗じて、次々と弱者、異端者を排除し、抹殺してゆく民衆の精神状態を夢二は見ている。

朝鮮人や社会主義者の虐待について彼はここで具体的にのべているわけではないが、九月十九日は「自警団遊び」について報告している。

子どもの遊びは、大人のつくった社会の風景をよくまねる。この「自警団遊び」もその一例である。

日本の近代化は、他のアジア諸国の犠牲をともなう一面があった。また、同時に、社会主義、共産主義の弾圧があった。多くの日本人は、その流れに疑問を抱くことなく、追随し、国家権力に加担するかたちで生きることになる。夢二はこの「自警団遊び」について、こう書いている。

「『萬《まん》ちゃん、君の顔《かほ》はどうも日本人ぢゃあないよ』豆腐屋の萬ちゃんを掴《つかま》へて、一人の子供がさう言《そ》ふ《う》。郊外の子供達は自警団《じけいだん》遊びをはじめた。『萬ちゃんを敵にしやうよ《よ》』『いやだ僕、だって竹槍《たけやり》で突くんだらう《ろ》』萬ちゃんは尻込みをする。『そんな事しやしないよ。僕達のはただの眞似《まね》なんだよ』さう言っても萬ちゃんは承知しないので餓鬼大将が出てきて、『萬公！敵にならないと打殺すぞ』と嚇《おど》かしてむりやり敵にして追《おっ》かけ回してゐ《い》るうちに眞實《ほんとう》に萬ちゃんを泣くまで殴りつけてしまった。…（略）…ちょっとここで、極めて月並みの宣伝標語を試みる。『子供達よ。棒切を持って自警団ごっこをするのは、もう止めませう《しょ》。』」（同上紙、九月十九日、竹久みなみ、前掲書、一八頁）

脱亜入欧の道を選択した近代日本は、隣国を蔑視した。震災のドサクサにまぎれて、強盗、井戸への投毒などというウソ八百を並べて、隣国人の責任にし、無理矢理に犯人にしたて、傷つけ、殺した。それがあたかも日本人の義務であるかのように。

この浅慮な日本人の暴挙によって、どれほど多くの朝鮮人が殺され、社会主義者、共産主義者が弾圧されたか。大杉栄が虐殺され、当時の革命運動の中心ともくされていた労働組合員らの多くが亀井戸警察署で殺された。

吉村昭は、警察および自警団の無謀ぶりを次のようにのべている。

「各地の警察では、多くの朝鮮人を逮捕し厳重に訊問したが、これらはなんの不審な点も発見できなかった。一般民衆が井戸に投入する毒薬を朝鮮人が持っていると訴えて取り調べてみると、それは七味唐辛子であったり、爆弾と思われるものも単なる食糧缶詰にすぎない。放火の事実も皆無で、強盗、殺人等の証拠もつかむことは出来なかった。しかし、民衆は朝鮮人の発見につとめ、凶器による殺害をつづけている。暴徒はむしろ自警団の彼らであった。」(『関東大震災』文芸春秋、平成十六年、二〇一頁)

強力な権力を憧憬し、弱者を傷つけ、殺害してゆくことに快哉を叫ぶのは、いつの時代においても人類共通の弱点である。

夢二がこの「都新聞」に「自警団遊び」を書き、「自警団」を批判しているにもかかわらず、国家権力は、なぜ夢二を見逃したのであろうか。不思議である。

秋山清は、夢二の「自警団遊び」の意味を次のように解している。

「軍や警察がやったと同じようなことを民衆もやる、そのやることは街の辻々に関所を設け、そこに群がり集合した人々が自警団と称して通行人たちを片っぱしから、誰何し、そこから朝鮮人らしいものを誰彼なしに捕えたり殺したり、それが国民としての義務であるかのように勇んで組織されたあの大掛りな行為、夢二は街頭に見出したらしい子供たちの『自警団遊び』を描いて、このような日本人の追随性と残虐性をいいたかったのであろう。社会主義者を殺し朝鮮人を殺した震災時の出来ごとに痛烈な批判を浴せているかのようである。この夢二以上のものがこの時期、戒厳令下の東京にあったということを私は未だ知っていない。」（『竹久夢二』紀伊国屋書店、平成六年、五四頁）

夢二は大震災の次の日、本所区の被服廠跡に来ている。東京のなかでも、もっとも大きな被害を被ったところである。東京市の死者の五割以上がこの地であった。死体があまりにも多く、その処理に十日もかかったという。この地を夢二は「死体の海」と呼んでいる。なぜ、この地がそんなに大被害を被ったのであろうか。この地は軍から東京市が、諸々の用地として活用しようとして払い下げを受けた地で、約二万坪の空地であった。

願ってもない避難場所のように見えるが、次のようなことになった。

「近くの相生警察署でも、署長が陣頭指導して避難民をここに誘動したから、数万の人びとがこの空地に殺到した。家財道具を城壁のように積みめぐらせて、老人やこどもをその内側に避難させる者、着のみ着のままで命からがらかけこんできた人びと。二万坪の空地は、たちまち不安と疲労の表情のなかにのみこまれた。ところが、一、二時間もしないうちに、火の手がここへも容赦なく襲いかかった。火災がつむじ風となって、この広場をまきこんだのだ。避難所の様相は一変して、さながら生き地獄となった。」（鶴見、前掲書、三八頁）

死体を焼いている風景を夢二は、九月十六日に描いている。この場で焼け死んだ人たちは、戦争で死んだ人たちより悲惨だったろうという。

九月二十二日の「救済団」には、夢二らしい見識がのぞいている。この絵の右下には、「ろうそく一本一銭」と書いた貼紙をして、座っている女がいる。その彼女を侮蔑するかのような目つきで、しゃれた日傘をさした貴婦人たちが歩いている。

髪型や服装を現代風にすれば、階級差別がなくなるとか、花柳界を裏町へ移転させれば、世の中は品行方正になるといった「救済団」や「婦人愛国会」の浅慮な考えを夢二は嘲笑している。

真の差別、平等がなんであるかも知らず、軽佻浮薄な人心に夢二は絶望しているのだ。日本の近代化そのものの軽薄さを笑っているのである。

九月二十三日には、「浅草の鳩」が気になって夢二はでかけている。鳩は無事に生きていたが、次のような妙な情景を目にした。

「鳩の見舞《みまひ》に出かけた私もさる事ながら、去る三日の夕方廃墟のやうに《よ》なり果てた新橋金春の、ある藝《げい》者屋の焼跡《やけあと》に立って、立退き先を手帖に書き止めてゐる五十近い紳士を見た。折目の新しい白セルの服に、塵一つ止めぬ白靴の伊達姿で、河岸には自動車が待たせてある。この男が、焼跡を見回る愛国婦人会の貴婦人の良人《おっと》であると言っても、大《たい》して穿《うが》ち過ぎた皮肉ではありますまい。」（同上紙、九月二十三日、竹久みなみ、前掲書、二六頁）

九月二十五日には、「仲秋の名月」が登場する。震災時のなかでも、望月への供物を忘れない人がいることに夢二は深く感動している。秋の七草の一つであるスキのなかに、親（母）子三人が座して月を見ている。「お月さま」に何をお願いしているのか。人間というものは、何もかも失ってみて、はじめて必要なものが何で、不必要なものが何であるかに気づく。太古の昔、人は何を必要としていたかを考えるべきである。文明の発達と称して人類は多くのものを作ったが、その多くは、深みも重みもない虚構、幻想でしかなかった。

母なる大地に井戸を掘って水を飲み、耕やして食を得る。人間の生活はそれで十分である。それが人生のすべてであり、そこに過不足があってはならない。

夢二は思想家である。アナーキストたちとの交流もあった。原始回帰や土への回帰の思想も理解していた。

九月三十日には「子夜呉歌」である。夢二はこれで何を語ろうとしているのか。いくら昼の仕事で疲れていても、自警団の夜警当番に出なければならない庶民の悲しさを夢二は見ている。

「『佐々木さん夜警の時間ですよ』さ《そ》う言って自警団の士官級が、夜夜中《よるよなか》當《とう》番の者を起して歩く。…（略）…『おゝ寒い』戸外は長安一片の月夜だ。『もっと着ておいでになったら？』と妻が氣《き》づかふ。『なあにこれで好《い》いさ、男子戸を出《いづ》れば勇敢な武士《もののふ》だ』良人《おっと》が出陣してゐ《い》るのに、妻が安閑として寝《ね》てもゐ《い》られないから、暖かいココアでも用意して置か《こ》うと、妻は七輪の火をおこしはじめる。やがて、横丁の露地を、彼女の良人であらう《ろ》、馴れぬ拍子木の音が遠くへ消えてゆくのが聞かれる。秋風《しゅうふう》吹《ふ》き盡《つく》さず、すべて是玉閨《これぎよけい》の情《じょう》何れの日か胡虜《こりょ》を平《たいら》げて良人遠征《りょうじんえんせい》を罷《や》めん（下座の唄）」（同上紙、九月三十日、同上書、四〇頁）

「秋風吹き…」から最後までは、いうまでもなく唐の詩人李白の詩の一節である。夫の遠征にたいし、家を守っている妻のさびしさを唄った詩であるが、夢二はそのときの妻の心境を思い出しているのだ。

若い妻が一人ポツンと淋しそうに坐って、夫のことを心配している。日本国家の間違った自警団の方向性にも、義務として協力せざるをえない夫の留守を守る妻の姿が描かれている。

これは「都新聞」に掲載した夢二の「東京災難畫信」のすべてではないが、彼がなぜ、この大震災直後の東京に注目したのかがわかってくる。こういうときこそ、人間の本質が露呈することを彼は知っていた。

世の中を見抜く力というものは、輸入された思想などによって、軽々に出来あがるものではないことを夢二は教えてくれている。

美人画の世界とは違うこれらのスケッチと短文のなかに、私は夢二の総括的弾力的思想を見ることができる。

2　かすかな望みとその挫折

秋山清は、夢二の描く女について、次のようにのべたことがある。

「絹と木綿の輸出がさかんだった時代、その犠牲的労働に心身をすり減らした女たちを、肺病やみにやせ細ったうしろ姿で、ベンチや土手に腰かけさせ、遠くに鳥のとんでいる、また雪のつもっている山の峰を見せることによって、即ち失った故郷との対比によって描いて、あの『女工哀史』の時代とそれらの女たちを巧みに私たちに物語って見せたのである。夢二が死んでから、年月がたつにしたがって私のなかにおける夢二は、大正の歌麿的夢二のみではなく、人間の不幸の姿に目をとめた、さらにその不幸のよって来たるものをひそかに憎んだ、だから不幸な人々の味方としての部分がしだいに拡大されてくる画家夢二となって、定着の度をつよめるといった思いがする。」（『竹久夢二』紀伊国屋書店、九一一〇頁）

極貧状況におかれていた農村から、家計補充のため紡績製糸工場の若年女子労働者として、多くの少女が工場に流出した。低賃金、長時間労働という厳しい条件のなかで、血を吐きながら耐えて働いた。その場から逃げることもできず、逃げたところで行くところもない。親の苦労を思えば、彼女たちの帰るところはなかった。途中まで帰っても、丘の上からなつかしい故郷の夕暮を見るしかない。

　彼女たちを迎えてくれるものは、貧困と、病いと悲哀であった。

　細井和喜蔵の『女工哀史』の少女たちと、夢二が描く女たちと、どこかで重なって私には見える。

　細井の次の文章は強烈である。

「政治家だとか学者だとかいってゐる連中は実に賤業である。そうして肥料《こえ》くみや溝掃除こそ彼らに増して貴い職業ではないか？　国家並に社会組織がいかにあろうと、戦争が悪いなら戦争の道具を作る者が貴い職業だとは言えない。また大勢の人間にたいして必要はないブルジョアの享楽品ばかり製造する者を誰が貴いとほめるだろう。…（略）…木綿《もめん》の着物を織る女工と、無産者にはかいまみることさえ出来ないやうな大ブルジョアの部屋にでも飾られるところの彫物《ほりもの》する彫刻師とは、そこに雲泥の相違があらねばならんはずだ。」

（『女工哀史』岩波書店、昭和二十九年、二一一頁）

　細井が、ここでどんなに尊い職業だと唄ってみても、その職業に従事する若年女子労働者の地位が向上するわけでもないし、その実態は筆舌に尽しがたいものであった。

　若い娘を集めるときの宣伝文句には、歯の浮くような美辞麗句が並べられ、ある種の楽園のような夢空間が打ちだされていた。しかし、現実はきわめて悲惨なもので、使用者側の一方的酷使があるのみであった。

二、三年もそこで働けば、身体はボロボロになり、末路は次のようなものであった。

「肺結核を持って娘は戻った。娘はどうしたのか知らんと案じているところへ、さながら幽霊のように蒼白《あおじろ》くかつ瘦《や》せ衰《おとろ》えてヒョッコリ立ち帰って来る。彼女が出発する時には顔色も赧《あか》らかな健康そうな娘だったが、僅か三年の間に見る影もなく変り果てた。それでもまだ、ともかく生命を携えて再び帰郷する日のあったのはいいが、なかには全く一個の小包郵便となって戻るのさえあった。」（同上書、六三頁）

細井は、この『女工哀史』を階級史観とかマルキシズム的視点に立って書いているのではない。この仕事に従事している若き女性を、「人類の母」と呼んで、人類生存のための基本である衣・食・住の「衣」の領域をになっている貴重な存在として認識している。その彼女たちのあまりにも屈辱的な労働条件、非人間的扱いについて、人間として許せないというのである。次のような絶望的心情を吐露している。

「工場とは如何に衛生設備をよくしたとて、時間を短くしたとて、結局非衛生で生命の消耗所であることを免れない。従ってそこで働くことは決して面白かろうはずがない。労働とは永遠に苦痛と嫌厭の連鎖である。某外人の言った如く実に工場は『緩慢なる殺人剤』でなくしてむしろ屠殺場なのである。」（同上書、三九九―四〇〇頁）

彼は同書の付録として「女工小唄」を集めている。「生《いけ》る屍《しかばね》の譜」の一部を引いておこう。

「わたしや女工よ春降る小雨《こさめ》
独りしよぼしよぼ音もなく
いつになったら晴れるやら
つきぬ涙で濡らす枕。

わたしや女工よ儚《はかな》い小鳥
羽根があっても飛べもせず
空が見えても籠のなか
羽交折られた小さな小鳥。

わたしや女工よ儚ない花よ
霜にいじけた小さな蕾《つぼみ》
春が来たとて咲けもせず
小さい小さい片つぼみ。」（同上書、四〇八頁）

このような唄を口ずさみながら、彼女たちは絶望的日常を生きていたのである。

屠殺場といいたくなるような現実の環境を思えば、彼女たちの将来を予測することは容易である。

清純で真白い花が、いつの間にか、くすんで、他人を疑ったり、嫉妬のかたまりとなって落ちてゆく。将来の夢もなく、低賃金と劣悪な環境のなかで呻吟する若年女子労働者を救済する手段は皆無であった。

当時、社会主義の立場からの労働者の生活擁護への照射は未熟で、彼女たちの不満は激増していたが、その不満を吸い上げ、運動にまでたかめる状況は生れていない。くる日もくる日も怒りと悲しみと涙があるばかりであった。

竹久夢二は、昭和九年、五十一歳の若さで他界するが、終生、日本の資本主義発達の犠牲になった弱者の側に立つ視点を失うことはなかった。富者、強者の側に立った讃美画はない。どんなに美しい女を描いても、その裏には、儚なく悲しい貧者、弱者の憂いがうかがわれる。

夢二の心の底には、『女工哀史』に登場する弱者がいつも存在している。個人差はあるが、彼が愛した女性を貫いているものは、悲しく、淋しく、弱々しいものである。

そうながくはなかった夢二の人生であるが、彼は何を探し、何を希求していたのであろうか。

青春の日々は短い、あれよ、あれよという間に過ぎ去っていった。嵐のような日々であった。

表現の部分での満足の裏に、満たされぬ多くの思いがあったのかもしれない。

ついに夢二は、榛名山の前に佇み、さまざまな過去を思い返し、訣別しようとしたように思われる。人は皆、人生の終末に、回帰する場所を探す。その多くは、故郷であり、そこにある山や川や水車小屋である。冷たい雨や風に追いまくられ、激しくゆさぶられ、夢二は疲労困憊した。榛名山の土をふみ、過去を捨て、この自然に身を横たえたいと思った。食わずにはおれないので、産業と芸術を結合させた世界をつくり、安住したいと思った。

昭和五年五月、彼は「榛名山美術研究所建設」という宣言文を発表している。賛同者、支持者として、島崎藤村、森口多里、丸山鶴吉、藤島武二、石川三四郎、有島生馬らがいる。また、出資者として、貴族院議員の桜井伊兵衛、上毛新聞社社長の篠原秀吉らがいた。

この計画を夢二が具体的に、いつから構想していたかはさだかでないが、恐らく、平民社と関係をもっていたころからの延長線上にあるように私には思える。

この研究所の「趣意書」をみておきたい。引用が長くなるが、夢二のおもいが披瀝されているので、全文ではないが、少し多くを紹介しておきたい。

「榛名山美術研究所建設につき

あらゆる事物が破壊の時期にありながら未だ建設のプランは誰からも示されてゐない。吾々はもはや現代の権力争闘及び政治的施設を信用し待望しては居られない。……(略)……

まず衣食住から手をつけるとする。さういふ吾々の生活条綱を充してくれるために、今の所、僅かに山間が残されてゐた。幸い榛名山上に吾々のため若干の土地が与へられた。美術研究所をそこへ建てる所以である。吾々は地理的に手近かな材料から生活に即した仕事から始めやうと思ふ。吾々の日常生活の必要と感覚は吾々に絵画・木工・陶土・染織等々の製作を促すだらう。同様の必要と感興を持つ隣人のために最低労銀と材料費で製作品を頒つことが出来る。或は製作品と素材とを物々交換する便利もあらう。そこで商業主義が作る所の流行品と大量生産の粗製品の送荷を断る。また市場の移り気な顧客を強て求めないがゆゑに、吾々は自己の感覚に忠実であることも出来る。」（秋山清『夢二とその時代』第三文明社、昭和五十三年、一七二―一七三頁）

この研究所設立の宣伝文に夢二の心情がすべて表出しているとは思えない。世情を考慮し、生活のためにという思いもあったにちがいない。心情の奥にあるものを、そっとのぞいておく必要があろう。

その一つは、都会での「ただれた」生活から足を洗いたいという願望であったように思う。名声を博し、栄誉を獲得したかに見えた彼の心情の奥には、どこか淋しげな、やるせないものが渦巻いていたように思う。

昭和初期には、夢二の名声も消えかけていた。絵では食えないから、田舎に生活の拠点を置きたいとは思わなかったであろうか。彼は当時の農村の置かれていた環境、そのなかで呻吟する若者たちの心情を直観的に知っていた。

農村から都市に流出する若者の数には、国家も憂慮せざるをえなかった。農村離脱、向都市が一つの流行になった。都市における工場労働者の不足と農村の疲弊とが結合して、大量の人口が都市に流れたのである。社会構造のこの激変は、国家にとっても一大憂事であった。新農村の建設、郷土教育の問題がにわかに浮上してきた。地方建設のプランが続出する。

この問題は、すでに明治三、四十年頃から露呈していた。民衆統治という点において、明治国家は手をやくことになる。国家に背を向けて歩く若者にたいし、天皇制国家の再編成計画に政府は懸命になる。いわゆる地方問題、地方対策が焦眉の課題となっていたのである。

明治四十一年には「戊申詔書」が出され、日露戦争の勝利に酔う人心の浮華軽佻を戒め、国家への忠誠をうながそうとした。この「戊申詔書」がいかなる意味をもっていたかについては、次の橋川文三の説明で十分であろう。

「明治末期の日本には、一種病理的な機能不全を思わせるような様相が広汎にあらわれていた。それらの事例を一つ一つとりあげてみるまでもなく、明治四十一年十月十三日、天皇の名によって発布された『戊申詔書』そのものが、そうした社会的病理の蔓延に対する警告以外のものではなかった。」(『昭和維新試論』朝日新聞社、昭和五十九年、一〇二頁)

昭和四年、アメリカのウォール街の株式取引所に発生した株価の暴落にはじまった経済恐慌は、たちまちヨーロッパに拡大し、ついに世界恐慌となった。当然のことながら日本もその波にのみこまれていった。とくに農村は絶望的不況におそわれた。

昭和五年十月、『中央公論』は次のような記事を掲載している。

「暮しのたたない村の二十七戸の中、四軒は戸を閉じてゐる。街へ逃げたのだ。古い森の中に真昼さむざむとした人の住まない家を見るのはさびしいことだ。都会の只中へ職を求め去って行った彼等に、然し、何が待ってゐやう。行衛さへ別らぬその人々の噂は囲炉裏ばたで人々の口に乗った。……だが三年目の去年の冬、憔悴しきったNの一家が悄然と帰って来た。都会での苦労のために健康はすっかりメチャ〳〵だった。…（略）…女房はこの春子供を道連れに首を縊って了った。」（寺島彦市「俺の村」）

すでに明治の末、地方に住む若者をなんとしても国家にとって有用な（都合のいい）人間にしたくて、政府は躍起になっていた。

文部省は、普通学務局長の名で、明治三十八年十二月に、「青年団ニ関スル件」という通牒を出している。次のようなものである。

「近年各地方ニ於テ風儀ノ矯正、智徳ノ啓発、体格ノ改良其ノ他各種公益事業ノ幇助等ヲ目的トスル青年団体ノ設置ヲ見ルニ至レルハ通俗教育上ニ於テモ其効果少カラサルコト、存候処向後益々是等団体ヲ誘掖指導シテ一層有効ノモノタラシムルト同時ニ其設ナキ地方ニ対シテハ之ヲ設置セシムル等十分御奨励相成候様致度尚旧来ノ慣例ニ依ル若連中等ノ青年団体ニ対シ適宜指導ヲ加フルニ於テハ容易ニ通俗教育上著大ノ効果ヲ収メ得ベキ儀ト存候ニ付御奨励ニ際シテハ特ニ此点ニモ御注意相成候様致度依命此段及通牒候也」（熊谷辰治郎編・発行『大日本青年団史』昭和十七年、一九七―一九八頁）

日清、日露の戦争において、日本は一応勝利はしたものの、国家の膨張、隆盛に較べ、個人はその恩敬にあずかることがないことへの不満は大きなものがあった。当然のことながら、国家への個人の忠誠は稀薄になり、国家から個人の離脱現象が生起してきた。

国家と個人の溝を埋めようとして政府は必死になっていた。地方の若者の教育が流行する。文部省などの地方青年への注視がわかるというものだ。

国家のリーダーとしての若者ではなく、黙って国家を底辺で支えてくれる若者が必要とされたのである。青年団の生みの親といわれる山本滝之助のいう、いわゆる「田舎青年」である。

そのことに一役買ったのが、国家の内務官僚たちである。東京帝国大学を卒業し、官僚として、新しい感覚をもって、地方の若者と接した田沢義鋪などはその一人である。

彼は二十五歳という若さで、静岡県安倍郡長となり、地方青年の教育振興に尽力した。いくら目線を低くしようとしても、官僚としての限界はあるが、彼は机上の空論を極力嫌い、地方の若者のなかに、身体ごと溶け込む姿勢を貫いた。

大正四年、彼三十歳のとき、前にあげた山本滝之助の来訪を受けている。その年、修養団の蓮沼門三主催の福島県檜原湖畔での、テント講習会に一指導者として参加している。このテント講習というものは、模範的ムラの自治を行うものである。全国から青年を集め、彼等は分散して天幕に入り、自治的ムラを形成する。そのなかで教師と若者が、一週間、寝食を共にし、修業を積むのである。その後の各地で行われた講習会において、田沢は中心的役割を果した。

橋川文三の田沢評価をあげておこう。

「凡そ一般に『昭和維新運動』にともないやすい観念的戦闘精神の強調は田沢のとるところではなかったのである。そのことは、彼が一般に人間の歴史、政治の歴史を考えるとき、それを社会の中のエリート層の動向によってではなく、平凡・無名の大衆の生き方を標準として考えていたことと関係がある。青年論としていえば都会に集まったインテリ学生層よりも、『高等小学校ないし当時の補習学校終了』ていどの青年層、いいかえれば『地方青年』こそが歴史の主体であるという考え方がそれである。彼がその生涯をささげた青年団教育の問題もそのような思想に根ざしており、それはまた前に見たような郡長時代の体験からとらえられたものにほかならなかった。」（橋川『昭和維新試論』、一六一頁）

国家が地方の若者に関心を示し、国家を下から支える力になるよう奨励するのと、夢二の研究所設立の動機は重なった。

青江舜二郎は、夢二の研究所建設について次のようにのべている。

「昭和五年五月〝榛名山美術研究所建設〟の宣言文が夢二によって発表された。この構想がどのようにして夢二から生まれたか、…（略）…それはまず、夢二のなかに起こったというよりも、地元側にその気運があった。——というのは、農村青年が都会にあこがれて離村する傾向がますます強くなるのを〝憂うべき事態〟とする政府は、彼らを地元に引きとめておくためにはその生活を勤労オンリーの二宮尊徳的精神でしばりつけてももうだめで、新産業の開発、民芸的副業の奨励、郷土芸能の復興、娯楽的集団生活などを一つにした新しい農村のヴィジョンを必要と考え、まず学校には郷土教育をその教科にとり入れるべきことを通達するとともに、新農村建設五カ年計画を立案して関係各省の密接な連繫のもとにそれを実施することになる。」（『竹久夢二』中央公論社、昭和六十年、二八二頁）

明治国家のスタートにおいて、地方はそれほど関心を寄せられてはいなかった。しかし明治後半になって、にわかに中央官僚たちは、この広大な領域に強い関心を示すにいたる。国家統治の根本が地方にあることを認識せざるをえなかった。

昭和六年四月二十日の「上毛新聞」の「月曜講座」に次のような記事が掲載された。政治家が夢二の企画を次のように宣伝してくれている。

「竹久君は榛名の山の落着いたなごやかな空気が大変好きでここを永住の地ときめ去年の冬湖畔にアトリエを作って榛名山美術研究所といふ名で色々な仕事を初める計画を樹てた。眼目とする処は自分の芸術的研究をもって地方の青年を指導して郷土的芸術の勃興をはかりお互が作る手近な小家具、器物などをもう少し芸術的な香り高いものにして情操を涵養したい。そして出来るなら県内にある材料を利用して芸術的生産品を生み出し県外は勿論海外にも輸出し県内に特殊な産業を振興させ度いと云ふのである。」（前貴族院議員、桜井伊兵衛）

さらに、この記事は次のように続く。

「例へば県内に豊富な材料を有する竹製品の方面にあっては絵日傘、扇子、竹籠なども従来の古めかしい型を破り…（略）…勿論夢二君自身には竹細工も木彫も出来ないがそれらに芸術的な生命を吹き込む事は出来るからすぐれた技術を有する有為な青年を指導しやうといふのだ。」（同上紙）

夢二にも生活がある。この桜井とか上毛新聞の篠原秀吉らの共鳴者、支援者は望外の喜びであったにちがいない。

明治、大正、昭和と、さまざまな自然回帰、土への回帰、共同体回帰の思想が流行した。夢二のこの榛名山への憧憬もその一つであったように思う。

彼は山が好きだ、山を愛した。山は夢を生む、美を生む、美が住んでいる。いかなる煩悶があろうとも、山の崇高さはそれらを静かに受けとめて、溶かしてくれる。

夢二はもう、自分のすべてをそこにあずけたかった。すべての悩みを解消してくれる純粋で透明な山に静かに身を横たえたいと思った。これまで、絶対的なものと思い、それに向って闘いを挑んできたものが、じつは相対的なものでしかなかった。

夢二にとって榛名山は最後の砦であり、終の住処であった。彼が生きて残してきた一つ一つの足跡が、この榛名山につながっているようにも思えてくる。

荒畑寒村たちの共同生活やコマ絵の時代から、ずっとこの榛名山への道がきまっていたのかもしれない。

栗田勇もこのようにのべている。

「もともと夢二のスタートは、マスコミ媒体を主とする印刷によるイラストレーション、版画の仕事であったし、かつて港屋では、小規模ながら、絵葉書、千代紙、風呂敷や着物などのデザイン・ブティックの経営を実現していたし、また関東大震災のときは、恩地孝四郎と『どんたく図案社』を共同で開く寸前であった。だから今度の榛名研究所は、いわばその発展的延長線上にあるといっていい。」（『竹久夢二写真館「女」』新潮社、昭和五十八年、七二頁）

夢二は若くしていろいろな世界を泳ぎ、名声を博した。絵も描いたが、女性との交渉にもかなりのエネルギーを注いだ。

明治四十年、二十四歳で、岸たまきと結婚、明治四十二年には彼女と協議離婚したが、次の年、再び同棲している。大正四年には、女子美術学校へ通っていた笠井彦乃と結ばれる。彦乃は身体が弱く、二十五歳の若さで大正九年に他界する。大正十年には、夢二のモデルになっていたお葉（佐々木カ子《ネ》ヨ）と同居する。大正十四年には、女流作家山田順子と知り合う。お葉は去る。順子とも三ヶ月ほどで別れている。

女性が常に側にいなければ活力の出ない夢二にも、そろそろ疲れがみえはじめる。そういう世俗的世界から脱出したいという願望もあった。それに彼が常に抵抗感を持っていたのは、物質的豊かさを最高のものと考え、貧しき者を平然と見過している世界であった。物質を追い求める過程で、失われていった精神的なものに、夢二は涙を流していた。

粗製乱造による大量生産のもたらすものによっては獲得することのできない世界を夢二はねらっていた。労働と芸術が一致することを願ったのは、あの宮沢賢治であったが、夢二もそうであった。都会から離れ、自然のなかで、自然と一体となって、自然を教師として生きてみたかった。

この夢二の研究所建設の賛助者のなかに、石川三四郎がいることは注目してよい。石川はいうまでもなく、アナーキストである。アナーキズムというものは、基本的に、あらゆる権力というものに拒絶反応を示す。右であろうと左であろうと、この世に存在するすべての権力を拒否する。ということは、権力というものは、それがいかなる種類のものであろうと、その発生の根源に、人間の尊厳を破壊し、死滅させる、ある種の誘惑というものを秘めているからである。

人間の自由を拘束し、思想、信条の画一化、統制をはかろうとする力にたいし、アナーキズムは徹底的に闘うことをその本質とする。なにものにも束縛されることのない絶対的自由、絶対的平和を希求する。このアナーキズムは、夢二の精神でもあった。

松田道雄は、アナーキズムの特徴として次のようなものをあげている。その一つは、権力の完全否定ということである。

「アナーキズムの権力の否定は、もともと人間の個人の尊厳の思想である。同じ人間でありながら、勤労する労働者が、窮乏のなかに生きねばならぬことを人間性の侮辱とみたのである。人間はこの屈辱から解放されねばならない。そのためには人間は、この屈辱を強いている権力を排除しなければならない。」（松田道雄編集・解説『アナーキズム』〈現代日本思想体系16〉筑摩書房、昭和四十一年、一一―一二頁）

二つ目として、思想の多元性を保証するということをあげている。つまり思想の画一化、均一化を拒否するというものである。彼はこういう。

「アナーキズムのいまひとつの特徴は、その理論の多元性である。一切の権力の否定は、個人の思想による思想統一を拒否した。したがって各時代に、それぞれの時代の課題にたちむかった理論家を生みはしたが、マルクス主義のように、一つの世界観の連続的発展というようなものを、だれも意図しなかった。」(同上書、一二頁)

三つ目は、芸術家とアナーキズムの関係についてのべている。

「それが人間の個性を尊重し、外部からの圧制を拒否するところから、芸術家のなかに多くの共感者をもったことである。アナーキズムの運動が労働者階級からはなれて、インテリゲンチアのなかにはいるほどこの傾向はつよくなる。」(同上)

最後に松田は、テロとの関係にふれている。

石川三四郎は、革命家というよりは、農本主義的求道者、伝道者として生きたように思う。彼は幸徳秋水や大杉栄らとは直接的には結びつかない。孤高の存在で異彩を放っていた。彼の「原始回帰」や「土の権威」、「自然我」などの思想は、農本主義者のそれにちかい。

近代的自我、自己拡張に発想の根源を置く近代主義的思考とは別に、農とか土とかに自分を投げ入れることによって、権力からの決別をとげることは不可能なことであろうか。

支配のための合理化、技術化、機械化など、人為的なものが進めば進むほど、人間が本質的に持っている自然性というものが浮上する。

石川三四郎の「土への回帰」、「農への回帰」は、人類史の上で、貴重なものへの注視であり、自然にたいする敬虔な人間の姿勢である。彼はこういう生活こそ、現代を脱却する方途であるという。

この石川の思想は、他のアナーキストたちが、あるいは社会主義者たちが、つかもうとしてつかみきれなかった人間の心意心性の根源的領域に接近していたといえるかもしれない。

自然から離れた瞬間、人間の不幸と堕落がはじまる。堕落することによって生れる文明というものをもって知識人たちは喜んでいる。

石川は自然を図書館と呼ぶ。

「自然の中に自分が生き、太陽と地球と、木や草や鳥や、けだものを相手にして、そして自給自足の生活を立てゝゐる間に、私の知識は、今までに経験した事のない力と光りとを持って、私の心を開き、引き立てゝ呉れた。ほんとうに自然は無限の図書館である。無尽蔵の知識の籠であるやうに私には感じられた。」(『石川三四郎著作集』第三巻、青土社、昭和五十三年、二一一頁)

彼は、昭和二年、東京の千歳村(世田谷区八幡山)で、二反ばかりの畑を借りて、半農生活をはじめている。土を耕やしながら、ここに農村的共学組織を立ちあげようとしたことがある。

この企画は成就することはなかったが、夢二の榛名山での研究所に発想が似ている。「自然回帰」、「土への回帰」、「故郷回帰」などは、共産主義、社会主義運動で挫折し、「転向」する際の契機となるものでもあった。

共産主義を信奉し、共産党に入党し、その運動に奔走していた小林杜人が、やがて「転向」することになるが、そのときの契機となったものの一つに、大自然の山や川に抱かれての「土への回帰」があった。

小林は獄中で次のような夢をしばしば見たという。

「山はユートピアを生む。今獄中にある彼を、色々の煩悶は闘争の世界から遠ざけて静かな山に連れて行く。それから夫へと夢想して行く。菅平のような奥地で、世間を離れて開墾事業に従事したらどんなに愉快であらう。先づ、三丁歩もそれを徐々に切開いて、しかも真黒になって労働に従事する。そこには創造的農業、芸術的農業が展開さるゝ、それは土に還る生活だ。こういふ夢は、毎日小野に繰り返されて居た。」(小野陽一〈小林杜人〉『共産党を脱する迄』大道社、昭和七年、六六—六七頁)

彼の獄中における沈思黙考の世界で、重要な地位をしめたものは、具体的には山であり、川であり、田畑であった。また、そこに住まいするなつかしい人々の顔であった。

傷ついた小林の精神と肉体を癒してくれるものは、あの山であり、あの川であり、毒気が抜きとられた山紫水明の自然であった。あらゆる辛酸を洗い流してくれるものがそこにはあった。階級闘争も、貧のリアリティーも、猜疑心も、すべて溶かしてくれる魔法の器として、農の思想、土の思想はある。しかし、ここには、大きな陥穽があることを忘れてはならない。

松永伍一の次の発言は傾聴にあたいする。

「故郷の貧困の部分（社会矛盾の露呈）や俗悪とされたいっさいを排除し、『すみゆく水に秋萩たれ／玉なす露は　すゝきにみつ』といった透明な世界でまとめあげていく、上からの作為的イメージ調整は、『君が代』にうたわれた『皇国の永遠の繁栄』に絶対に水をささない国民を育成するためのもの以外ではなかった。透明な空間、純粋性、邪念なき忠誠心、郷土愛＝祖国愛、離村した者の救い、孝行という倫理……これらは、自然の美的表現を掲げながら、裏にひそまされていた政治的統制のための、布石に他ならなかった。」（『ふるさと考』講談社、昭和五十年、八五頁）

夢二は疲労困憊したのである。疲れた彼の気持を癒してくれるものは、もはや人間や人工的なものではなく、自然であり、榛名山であった。

夢二は美人画を描いただけではない。わが闘争に破れ、傷つき、近代的知の傲慢さと無効性を知ったとき、彼はこの山に自分を投入し、静に身を横たえたいと思ったにちがいない。たとえそれが、松永が忠告してくれたようなものであったにしても。

しかし、なぜか、彼はこの榛名山の美術研究所への熱い思いを抱きながらも、昭和六年に日本を離れてしまうのである。ことの成就を待たずに日本を離れたが、それでも彼は、昭和六年の四月に、こうのべている。

「二十年もアメリカに生活した同行翁は『僕はただ旅を楽しんで帰ってくるだろうが、君は感情を消費しつくして帰るよ』というが、私は、若者のごとくはつらつとして、榛名山へ着陸すると信じている。この一二ヶ月すこし仕事に無理をして身体をひどく痛めてはいるが、船に乗ってしまえば、健康と共にのんきも取返すと思う。何よりも好いことは、こんどは出発に際して、心にかゝるものも、心に残る者も何もないことだ。たゞ榛名山へ帰ってからの仕事のプログラムに希望はある。…（略）…この春建てた山小舎は、私の外遊中は、誰が訪ねていっても、憩むに好いように、いつでも開放しておくつもりである。では、諸者諸子に別れの握手をおくる。」（長田幹雄編『夢二外遊記』教育評論社、平成二十六年、一一五頁）

ここに夢二があげている翁とは、翁久光のことで、彼はアメリカで長年生活したことのある人で、当時、「週刊朝日」の編集をしていた。夢二のことが好きで、なんとかしてやろうと思い外遊に誘った。しかし途中で喧嘩別れをし、夢二は生活に困った。同行した翁はこうのべている。

「私が夢二と初めて逢ったのが昭和の初め頃で、その頃の夢二はジャナリズムから指弾されていたので、一時夢二式美人などと言われた声名もがた落ちになっていた。しかし私は在米時代から夢二に憧れていたから、幸い週刊朝日の編集をやるようになると何とかして彼の声名をもう一度復活さしてやりたいという熱情に燃えていた。」（「夢二と私」『本の手帖』昭森社、昭和四十二年四月、三・四月合併号、三〇頁）

翁は苦境に立っていた夢二に同情し、日本を離れることをすすめた。自分も同行する気になったが、途中で些細なことで二人の同行は無理となった。

小沢武雄は二人の仲を次のようにのべている。

「翁氏とともにアメリカを皮きりに世界一周の旅にでたものの夢二と行を共にできる人はいるわけがない。しょせん夢二は孤独の人間で、仕事をかかえての同行男二人など行儀のよいことがどうしてできよう。横浜を出帆した浅間丸（秩父丸の間違いか）で翁氏とキャビンを同じくしてまず翁氏のイビキで、いらいらしだしたのが初まり、とどのつまりは、とても性に合わぬ同志というわけで喧嘩別れをしてしまった。」（「晩年の夢二と」『本の手帖』昭森社、昭和三十七年七月、四六頁）

思ったほど幸福な外遊とはならなかったが、夢二はこの時点では、まだ、榛名山の研究所建設には、大きな期待を寄せていた。

ハワイを経て、アメリカに渡り、そこから逃げるようにして、ヨーロッパに行く。チェコ、オーストリア、フランスなどを経て、ドイツに到着している。

夢二が見逃していないのは、ドイツにおける暴虐なナチスの本質であった。夢二の心底には、荒畑寒村たちと過した平民社の頃の精神が存在していた。ヒットラーへの恐怖と、それに引きずられる日本の支配層にたいする思いを、夢二は痛ましく感じている。

昭和八年九月、靖国丸で夢二は帰国した。このとき、彼の心中には、榛名山での研究所のことは、すでに遠い想い出になっていたのである。

夢二は「島に帰りつく」という文章でこう書いているのだ。

「もっとも、私の『手による産業』の提唱が全く新しい創意でないにしても、その実践を科学的に学びたいという熱意がその頃の私にはあった。…（略）…三年の月日の間に私の心持も変ってくるし、日本の状態も変ってしまった。一例を言えば『手による産業』を最近、商工省あたりで考えついているなぞは、お笑い草である。」（長田編、前掲書、一九八頁）

そして、この文章は次のように結ばれている。

「私は『何を』『如何になすべきか』の代りに『何を為さざるべきか』を考えねばならない。生きていることも困難だと言わねばならない。それにしても日本の自然の美しさは、

どこの国にも比べようもない。こういうやさしい山川の間に、私は一週間ほどぐっすりと眠りたいものだ。」（同上）

夢二は昭和八年九月に帰国したが、前年には五・一五事件がおき、八年には京大教授滝川幸辰の『刑法読本』が問題になり、『蟹工船』の小林多喜二が虐殺された。日本は国際連盟を脱退し、国際的に孤立する。

昭和八年十一月に、夢二は台湾に行くが、もはや身心ともに衰弱していた。

考えてみれば、そんなにながい一生ではなかったが、夢二はいろいろな人と出会い、いろいろな女性を愛し、愛され、さまざまなことに直面した。もてはやされたり、けなされたり、じつに忙しい旅人であった。

この榛名の研究所の件も、最後の砦にもならず、日本を離れ、衰弱して帰国した。

秋山清は夢二の生涯を次のように描いている。

「夢二もひどく、いわゆる日本人らしい日本人として帰国したようである。…（略）…くたぶれ、病み、貧乏してかえって来たのではあろうけれど、あれほど大さわぎを自分も、他人をも動かして始めた『榛名山産業美術学校』のことは、三年の旅からかえって来た時は、その一切にかかわりなきが如くであった。かくして私は思う。夢二はついに一介の旅人として五十年の人生を終らざるを得なかったのである。あれこれと人間について、生活について、愛について、絵について等々のうつくしい夢は見たけれど、ことごとくそれはついに夢におわってしまった。……（略）……そしてついに家を成さず、産を為さず、うつくしきもの、平和なもの、愛と自由を追って死んだ夢二は、見事な旅人の生涯に病み果てた、のである。」（『夢二は旅人——未来に生きる詩人画家』毎日新聞社、昭和五十三年、二三〇頁）

主要参考・引用文献

秋山清『夢二とその時代』第三文明社、昭和五十二年
青江舜二郎『竹久夢二』中央公論社、昭和六十年
「上毛新聞」昭和六年四月二十日
柳宗悦『民芸四十年』岩波書店、昭和五十九年
松田道雄編集・解説『アナーキズム』〈現代日本思想体系16〉筑摩書房、昭和四十一年
小野陽一（小林杜人）『共産党を脱する迄』大道社、昭和七年
長田幹雄編『夢二外遊記』教育評論社、平成二十六年
熊谷辰治郎編・発行『大日本青年団史』昭和十七年
秋山清『夢二は旅人——未来に生きる詩人画家』毎日新聞社、昭和五十三年
石川三四郎『石川三四郎著作集』第三巻、青土社、昭和五十三年
松永伍一『ふるさと考』講談社、昭和五十年

高橋律子『竹久夢二――社会現象としての〈夢二式〉』ブリュッケ、平成二十二年
朝日新聞社企画事業部文化事業部『竹久夢二展』朝日新聞社、平成二十六年
竹久夢二美術館監修『竹久夢二』河出書房新社、平成二十六年
秋山清『郷愁論――竹久夢二の世界』青林堂、昭和四十六年
関川左木夫編『夢二の手紙』講談社、昭和六十年
細野正信『竹久夢二』保育社、昭和四十八年
『別刷太陽・竹久夢二』平凡社、昭和五十二年
『別刷太陽・竹久夢二の世界』平凡社、平成二十七年
栗田勇編『竹久夢二――愛と詩の旅人』山陽新聞社、昭和五十八年
小倉忠夫編『竹久夢二』〈近代の美術23〉至文堂、昭和四十九年
小川晶子『竹久夢二――生涯と作品』東京美術、平成二十一年
竹久みなみ監修『竹久夢二「東京災難畫信」展集』発行所・ギャラリーゆめじ、平成二十三年
吉村昭『関東大震災』文芸春秋、平成十六年
鶴見俊輔著者代表『日本の百年(6)震災にゆらぐ』筑摩書房、昭和三十七年
竹久夢二『自伝画集・出帆』龍星社、昭和三十三年

四――高山樗牛について

高山樗牛（以下樗牛と記す。本名林次郎、山形県鶴岡に、斎藤親信の次男として生れ、翌年高山久平の養子となる）は、明治四年一月十日に生れ、明治三十五年十二月二十四日に他界している。短い一生であった。短かくはあったが、その間、時代の流れとともに、紆余曲折し、さまざまな思想を引きずった。彼にたいする評価は、いろいろである。

激情の人という評価もあれば、矛盾撞着の人、豹変者などと厳しい評価もある。そのような愚弄的、攻撃的な評価もあるが、樗牛の文章に酔いしれる若者も多く存在したのである。

彼の不思議な魔力ともいうべき情念の発露に、多情多感な若者の魂は、揺り動かされたといえよう。

樗牛が没してからも、彼の著書の近くを離れたくない多くの知的若者がいたという。

明治四十五年五月、『中央公論』に「高山樗牛氏」という一文を載せた戸川秋骨は、次のようにのべている。

「大体小生は高山氏を以てあまり豪き人とは思ひ居らず候、併しながら君の筆に一種の魔力あり、君の思想に一種の創見あるは争ふべからざる所にて、これはやがて君の生命に何物かゞ潜み居りし故と存じ候、此の何物かを解釈し候はゞ高山氏の位置は明瞭する事と信じ居候。……（略）……なほ君は或は国家至上主義を唱導し或は世界的思想を鼓吹し、終には宗教的に傾くなど、幾度か態度を変じて、才子豹変などゝ言れし事さへありしと記憶し居候が、これ則ち此の何物かゞ為さしめし仕業かと存じ候。而も此の何物かは君が該博なる知識と強烈なる感情とに依りて益々光輝を発したるやに考へられ候。」（『中央公論』明治四十年五月、六五頁）

また、岡崎義恵は、昭和二十五年の時点でこうのべている。

「熱情を以て人生問題を論ずる書は、いつでも多くの愛読者を持ってゐる。樗牛が没して暫くの間、青年男女がその早逝を悼《いた》み、墓前に額《ぬか》づくやうにその遺著の傍を離れなかったのは、この激情を以て語られる人生の重大事に心を惹《ひ》かれたからであらう。……（略）……私も青年時代に好んで樗牛を読んだ。その頃樗牛の愛読者には女学生が多いといふことを聞き、幾らか侮蔑の感をいだきながらも、やはり図書館などで読んでゐた。」（「高山樗牛論」〈昭和二十五年〉『高山樗牛・片上伸・島村抱月・生田長江集』〈現代日本文学全集〉59、昭和三十三年、三六五頁）

多くの人の心情を吸引する要素を樗牛が多分に宿していたということに注目する必要がある。短かい生涯の表層において彼の思想は変化が見られるが、それでも一貫して彼が持っていたものに、私は「煩悶」があったように思う。この「煩悶」は、樗牛の一生を通じて、その基底のところを流れている。これこそが多くの若者に受けた一要因ではなかったか。

思想が正しいか否か、整合性があるかないかといったところに固執するかぎり、人の魂を揺り動かす思想の本質は、わかってはこない。

明治二十四年に創刊された『文学界雑誌』に樗牛は、「人生終に奈何」、「厭世論」などを載せ、自分の内面に深々と存在するものを吐露し、無情なる現実世界の苦渋と疑いを世に問うた。

「人生終に奈何」は次のようにはじまっている。

「人生終《つひ》に奈何、是れ実に一大疑問にあらずや。生きて回天の雄図を成し、死して千歳の功名を垂る、人生之を以て尽きたりとすべきか、予甚だ之に惑ふ。生前一杯の酒を楽しむ、何ぞ須ひん身後千載の名、人は只々行楽して已《や》まんか、予甚だ之に惑ふ。蝸牛角上に何事かを争ふ、石火光中に此身を寄す、人は只々無常を悟りて終《をは》らんか、予甚だ惑ふ。吁、人生終に奈何、将《は》た人は只々死するが為に生れたるか。」（「文学会雑誌」〈明治二十四年六月〉『樗牛全集』第六巻、日本図書センター、平成六年、二四九頁）

そしてこの文章は次のごとく結ばれている。

「生前の事業、夢中の観の如く、死後の名聞、草露の如くんば、茫然たる吾が生、夫れ何くにか寄せん、大哀と謂はざるべけんや。嗚呼人生終に奈何。予、往を顧み来を慮り、半夜惘然として吾れを喪《うしな》ふ。」（同上書、二五一頁）

宇宙世界の無限、永遠ということからいえば、人の名前など、死して直後に消え去るのも、千年たってなくなるのも大差はない。天下の形勢を一変するほどの雄々しい企てをなしとげたとて、どうせそのようなものも、所詮は虚名にすぎないという。

この樗牛の考えは、次の年の「厭世論」につながる。

人が未来に望みをつなげることを否定することはない。しかし、その未来は未来であって、いずれいつかは出現するというのは大きな誤りである。万物が実在するのは現在をおいてほかにない。すでに去ったもの、いまだ到来していないもの、すべてこれらは実在するものではない。彼はこういう。

「人間の歴史は希望の歴史なり、否、希望を求めて煩悶するの一大哀史なり。吁、希望乎、希望乎、希望は終に得べからざる乎。世界の『時』と生命とが、滔々として此の大目的に向って進行するにも係らず、五千年後の今日尚ほ此の問題の解釈に一歩を進めたるの跡を見ず。豈悲しからずや。」（「厭世論」『樗牛全集』第四巻、日本図書センター、平成六年、一六頁）

明治二十七年には、軽い気持で応募した「瀧口入道」が『読売新聞』の懸賞小説で優等賞第二席（第一席は該当者なし）に入った。

明治二十八年には『帝国文学』とか『太陽』に、近松巣林子についての緒論を書いている。この近松研究は、のちの「美的生活を論ず」につながっていく。

明治二十七年、八年は日清戦争で、日本はナショナリズムの昂揚期であった。樗牛の眼前にも、国家、日本という怪物がうろつきまわる。

明治三十年五月、『太陽』に「日本主義」なる論文を発表し、日本主義者高山樗牛の名を世間にとどろかせた。この「日本主義」を第一声として、その後、次々と日本主義、国家主義に関するものを発表する。いくつかをあげれば次のようになる。いずれも雑誌『太陽』に掲載。

「日本主義と哲学」（明治三年六月）、「日本主義に対する世評を概す」（明治三十年七月）、「世界主義と国家主義」（明治三十年七月）、「我国体と新版図」（明治三十年十月）、「国粋保存主義と日本主義」（明治三十一年四月）、「日本主義と大文学」（明治三十二年四月）。

「日本主義」の冒頭の部分を引用しておこう。

「熟々《つらつら》本邦文化の性質を考へ、宗教及び道徳の歴史的関係を審にし、汎く人文開展の原理に徴し、国家の進歩と世界の発達とに於ける殊遍相関の理法を認め、更に本邦建国の精神と国民的性情の特質とに照鑑し、我が国家の将来の為に、吾等は茲に日本主義を唱ふ。日本主義とは何ぞや。国民的特性に本ける自主独立の精神に拠りて、建国当初の抱負を発揮せむことを目的とする所の道徳的原理、即ち是れなり。」（『高山樗牛全集』第四巻、三二七頁）

人生の煩悶に直面し、近松研究に傾注し、愛と悲哀を感傷的に高唱していた樗牛も、日清戦争という、日本にとってのとてつもない大きな事件を機に、国家への関心、日本への興味を強めるにいたった。内面へ、内面へと走っていた樗牛が、にわかに国家とか日本という政治的問題に関心を移していったということは、なにを意味しているのか。

私は、この場合、ここに樗牛の変質を見るのではなく、国家や日本の問題を考えることが、彼の内部生命の発露につながったと見るべきではないかと思う。つまり、彼の強烈な内部生命の情熱が、国家、日本を必要としたというべきかもしれない。

樗牛のいう日本主義とはいかなるものか。要点を次にあげておこう。

「一、国民の円満なる発達は、其の国民的性情の完全なる発達を須要とす。二、一切宗教は日本国民の性情に適切ならず。日本主義は是れを以て宗教を排斥す。三、国家は人生寄託の必然形式にして又其の唯一形式なり。日本の国家は日本国民の幸福の唯一且つ必然なる形式なり。四、宗教と国家とは其の利害を異にす、之を以て日本主義は一切の宗教を排斥す。五、日本主義は日本国民の性情に本きて、皇祖建国の精神を発揮せむことを目的と

する所の国家的道徳の原理なり。」（同上書、三四四頁）

人生の煩悶に深く、強くはまっていた樗牛も、日清戦争を契機にしたナショナリズムの昂揚に、無関心ではいられなくなった。この日清戦争は、次の日露戦争と違って、賛辞を表した知識人もいた。

この日清戦争は、日本の民衆にとって、大きな意味を持った。それまで田畑で鍬や鎌を持って、日常を過ごしていた人たちが、突然銃を持ち軍服を着て、異国の地に立ち、国家、天皇を意識し、国民を意識したのである。

初々しい新生日本国家の意気軒高たるものが漲っていた。

一定の国際的地位の確立による新生日本の空気を樗牛は、自分の生の充実に引き入れたかったのかもしれない。人生の目的は生の充実にあるが、その生の充実を果すために、樗牛には、国家が、日本がここでは必要だったのである。自我の主張、確立と国家の発展との統一は、じつに快い気分に浸ることであった。

しかし、樗牛は国家賛美にたいしてブレーキをかけることを忘れてはいない。それは、国家の存在はどこまでいっても、個人の幸福を助け、保障するためのものでなければならなかったからである。個人あっての国家であり、国家あっての個人ではないという。

樗牛は、国家と個人の幸福の関係を次のようにいう。

「吾人は国家を以て至上の権力と認め、其の利福を以て道徳の規準となす。是れ何が為なるか、人生の幸福は独り是れによりて円満なるを得べければなり。人生の目的は幸福にあり。所謂る道徳なるものは是の幸福を実現するの方法に外ならず、幸福は形式上詮ずる所《ところ》自我の満足なり。」（同上書、三八六頁）

国家に至上の権力を与えるのは、それは、あくまでも個人の幸福を保障し、達成してくれるからであって、国家そのものが目的ではない。国家を目標にして、すべてがそこに収斂されてゆくという方向を彼はとらないのである。いわば、国家は相対的なものだという。

日本主義、国家主義を説きながら、それらの絶対的価値を認めていないところに、樗牛らしさがある。

橋川文三も、この点にふれて次のようにのべている。

「樗牛において、国家価値の絶対化（＝自己目的化）はむしろ主張されていない。価値的に絶対的なるものは、いかにも上昇期の産業資本主義社会にふさわしい個人的功利と幸福の理念であり、国家価値はその目的合理性の見地から形式的に主張されているにすぎない。いわば現実の日本国家の合目的性が形式的に承認されるかぎり、樗牛はその価値達成の手段として国家の体制的価値を承認するという形である。彼の志向対象は、むしろ終始ブルジョア的な人間価値におかれていた。」（「高山樗牛」『標的周辺』弓立社、昭和五十二年、一

七二頁）

そもそも最初から国家の絶対化ということに主眼を置いていないのであるから、樗牛の国家主義から個人主義への移行、転換は、それほど極端な変化ということではなかった。

したがって、それまでに寄せていた国家への恋情、忠誠そのものの空虚さに気づけば、また、個人の幸福に寄与できない国家の姿が表面化してくれば、国家への志向性は鈍くなってくるのは必然である。

研究者樗牛にとって、願ってもない機会がめぐってくる。

明治三十三年六月のことである。樗牛は、文部省より、ドイツ、フランス、イタリアへの留学（三年間）が許可された。留学を終えて帰国すれば、京都帝国大学での教授のポストも約束されるという幸運が間近かにせまっていた。妻には長女も生まれ、樗牛は欣喜雀躍の心境であった。

しかし、人生はそううまくはいかない。幸運は長くは続かなかった。留学のため、日本を離れる日が近づいたとき、樗牛は突然喀血したのである。

入院を余儀なくされ、転地療養の生活をはじめることになる。一瞬にして暗くて重い空気が樗牛を襲った。千載一遇の機会を逃してなるものかという焦りには悲痛なものがあった。

とりあえず、留学の出発延期願いを提出し、健康回復に向けて懸命の努力をしようとする。

かすかな望みがまだ残っていた。しかし、病魔は樗牛をして、ついにこの留学を断念せざるをえないところにまで追い込んだ。

病に倒れ、留学の夢はたたれ、樗牛の心情は凄愴の極みであった。絶望の淵に立たされた彼は、まるで悪夢を見ているようであったにちがいない。

留学を断念したことを樗牛は親友である姉崎嘲風に次のように伝えた。

「洋行は断然見合はせることに決心した。…（略）…自分一人ならぬ身の、かばかりの病気のために、数年来の希望を空しうするのは是非もないが、いさゝか遺憾にたえぬ。…（略）…あゝ過ぎ去れることは是非もない、さればとて僕はこれと云ふ未来の見透しもない。かゝる時に人は往々薄志弱行に陥るものぞと覚悟はして居る。あゝ君ならで誰か是の僕の哀情を察して呉れるであらうか。」（『樗牛全集』第七巻、日本図書センター、平成六年、六八八―六八九頁）

筆の力で多くの若者のこころを引きつけ、各方面より、脚光をあびていた樗牛にとって、この状態はとても耐えうるようなものではなかった。

このような状況下に置かれた人間にとって、こころの外にある問題、例えば国家とか日本とか、平和とか革命といったものが、いかに空虚なものであったことか、大義名分など、そのときの樗牛にとっては、もはやくず籠に捨てられたゴミのようなものであった。

焦燥、不安、苦渋からの避難のみが人生の目的となる。

絶体絶命の淵に追いやられた樗牛は、それまで罵倒して憚からなかった宗教にたいして、強い関心と同情を持ちはじめたのである。

宗教の主張は迷信であり、その改善も滅亡であるといい切っていた彼のこの変転ぶりは、あきれるばかりである。精神の革命か。

国家も日本も、そして彼が懸命に学んだであろう近代的「知」に基づく道徳や倫理に関する学問も、もはや彼の心情を癒やすことはなかった。

あれほど踏み込んだ日本主義も、表面しか見ない浅慮なものでしかなかったのだという。

明治三十四年六月二十四日、ベルリンにいる姉崎に樗牛は、次のような手紙を書いている。

「此頃の僕の精神には、此の一両年の間に醪醸し来ったかと思はれる一種の変調が現はれて来た。人は病的と謂ふかも知れぬ、又自分でも境遇、健康等の為に然るのかとも思はれるが、併し僕は僕の精神の自然の発展と外《ほか》信じ得られない。…（略）…僕は曾て日本主義を唱へて殆ど国家至上の主義を賛したこともある。今に於ても此の見地を打破るべき理由は僕には持ち得ぬ、唯是の如き主義に満足の出来ぬ様になったのは、僕の精神上の事実である。僕は道徳、教育、もしくは社会改良に関する今の人の説には、殆どすべて満足の出来ぬ様になった。…（略）…僕は宗教に関しても少からず考へた。曾ては一種の反感を以て迎へたが、今では如何なる宗教に対しても少くとも同情を以て見る迄になった。」(「大磯よりベルリンの姉崎へ」『樗牛全集』第七巻、七一四頁)

この状況下で、樗牛は「信」とか「情」の世界にたいする関心と妥協の姿勢を見せることになる。つまり、人間にとって究極的なもの、本質的なものが何であるかについて、本格的に考えはじめたともいえようか。

人性本然の要求をもとめ、そのための心情を吐露するのである。相対的なものではなく、絶対無限的なものへの熱望が樗牛のこころを拘束するにいたる。それまでの相対的なものを峻拒し、自分が真に依拠できる絶対的なものの探索がはじまる。

明治三十四年八月、雑誌『太陽』に、樗牛は「美的生活を論ず」を書いた。人生における至上の幸福とは何であろうか。道徳や倫理を高らかに説いている「先生」や偽善に満ちた為政者、またそれに媚を売る人たちのもっともらしい権威主義的知的世界とは違うところに人間の幸福はあるというのだ。

次のようにのべている。

「何の目的ありて是の世に産出せられたるかは、吾人の知る所に非ず。然れども生れたる後の吾人の目的は、言ふまでもなく幸福なるにあり。幸福とは何ぞや、吾人の信ずる所を以て見れば、本能の満足、即ち是れのみ。本能とは何ぞや、人性本然の要求是れ也。人性

本然の要求を満足せしむるもの、茲に是を美的生活と云ふ。」（『樗牛全集』第四巻、七六六—七六七頁）

ナショナリズム発揚の時期にあって、樗牛のこの私的欲望、個人の幸福追求などは、常軌を逸した発言とみられても仕方ない。

道徳や理性というものが、他の動物と違って、人間固有のものであって、それは高等なものだという見解に、樗牛はまっこうから反対する。

人生至楽の境地は、本能、性欲の満足を離れて、どこにもないと断言する。このように高言して憚からない樗牛に、支援、弁護の風は吹くことはなかった。攻撃、嘲笑の嵐が彼を直撃した。

当時、次のような批判があった。

明治三十四年八月十九日、二十六日の『読売新聞』で、長谷川天溪は、「美的生活とは何ぞや」で次のようにのべている。幾個所か引用しておこう。

「古名家の一世一代の行為を、腐儒のお談義で解釈しやうといふは、固より誤っても居る、亦愚の極でもある。然しながら、此点から推して、本能の要求を満たす行為の連絡が、美的生活であって、知識や、道徳やの追求は、相対的である、其物の価値は薄少であると断言するのも、亦誤謬であると言はざるを得ない。」（『長谷川天溪文芸評論集』岩波書店、昭

和三十年、一〇頁)

「敵を見て逃げ出す人は、生命が惜しいといふ、人間一般の要求に基いて、之を満足せしめた者であるから、其行為は美的である。色情の奴隷が、異性を追ひ回すも、亦其個人的性向を満足せしむる者であるから、美的である。高山君は果して此等の例をも美的であると、承認せらるゝであらうか。」(同上書、一一頁)

長谷川は次のような文章で結んでいる。

「高山君は結論として『今の世にありて人生本来の幸福を求めむには、吾人の道徳と知識とは余り煩雑にして又余りに迂遠なるに過ぐ』とて、人間本性の要求に従って、美的生活を送れと言はれたが、若しも其通りに世人が行動したならば、氏自身も擯斥せらるゝ物質主義が、益勢力を得て、さなきだに物質主義の吾が社会は、終に精神なき穢土と変化するであらう。」(同上書、一四頁)

各方面から、こっ酷い批判が乱れ飛んだ。世間の酷評を甘んじて受けとめた樗牛は、きわめて冷静であった。彼が拘泥したのは、そんなことではなかった。自分の主張する「美的生活論」が抵抗なく世間や権力に受け入れられることなど思っていたわけではない。しかし、そうであればあるほど、彼は「美的生活」を強調する必要があり、こだわる必要があったのである。留学希望の挫折と病態の悪化への対応には、権力追随の学問や、世俗的倫理規範を打ち破る強力なパンチが必要だったのである。

非日常的言動のなかにこそ、彼の生命は辛じてその存在が可能だった。

人間と他の動物と区別するところのものが、道徳や理性などと「道学先生」たちはいうが、それは世間体を恐れ、表皮の部分のみで構築された現実世界の偽善にたいして、真の肉声を主張する勇気を彼らが持っていないからだという。樗牛はこういう。

「道徳と理性とは、人類を下等動物より区別する所の重《おも》なる特質也。然れども吾人に最大の幸福を与へ得るものは是の両者に非ずして、実は本能なることを知らざるべからず。……（略）…世の道学先生の説くところ、理義如何に高く、言辞如何に妙なるも、若し彼等をして其の衷心の所信を赤裸々に告白するの勇気だにあらしめむか、必ずや人生の至楽は畢竟性欲の満足に存することを認むるならむ。」（『樗牛全集』第四巻、七六七頁）

本来、人間にとっても、理性とか道徳というものは、不要なものであった。人間以外の動物はすべて本能のままに生きている。そしてそこに過不足はない。なぜか、それは本能というもののなかに抑制機能があり、それぞれの領域で、これが機能していて、必要以上の欲望にはブレーキがかかるようになっているからである。

人間はいつの間にか、この大事な本能が破壊され、死んでしまった。したがって、抑制機能がきかないのである。きかないから、理性とか道徳とかをつくり、抑制する以外にない。文明偽善の根源もここにある。

人間、とくに文明人と呼ばれる人たちは、本能破壊の方向に走ることを進歩と呼び、偽善の生活を蓄積してきた。

理性や道徳、倫理というものが、権力と結びつき、未分化、混沌、純粋にして無限の可能性を抹殺していったことを樗牛は知っている。破壊されてしまった本能の蘇生を彼は、「美的生活」と呼び、この生活を絶対としたのである。

樗牛も社会人として、社会の常識として自分を律することの大切さを知らぬではない。知っているからこそ、血肉の一部となっている道徳、理性に対抗するためには、その血も肉も絶滅させるほどの強力なものが欲しかったのである。

儒教的倫理規範からいえば、これは異常な世界であり、狂とも呼べる世界であった。腐敗堕落した倫理的世界を正常なものに変革するためには、この狂の力が必要だったのである。

本能、狂気に依拠することこそ、樗牛にとって、唯一の正常な道であった。迫りつつあった死の恐怖のなかで、主観の燃焼といえる「美的生活」の追求にかける樗牛の姿がここにあった。

樗牛には、もはや時間がないのである。人生わずか五十年というが、その五十年も彼にとっては、かなわぬ時間であった。襲いかかってくる病魔に打ち勝つ手はない。一分一秒、時間を刻む時計の音が樗牛をびくびくさせる。「美的生活を論ず」は、次のように結ばれている。

「悲むべきは貧しき人に非ずして、富貴の外に価値を解せざる人のみ。吾人は恋愛を解せずして死する人の生命《いのち》に、多くの価値あるを信ずる能はざる也。傷《いた》むべきは、生命を思はずして糧を思ひ、身体を憂へずして衣を憂ふる人のみ。彼は生れて其の為すべきことを知らざる也。今や世事日に匆劇を加へて人は沈思に遑なし、然れども貧しき者よ、憂ふる勿れ。望みを失へるものよ、悲しむ勿れ。王国は常に爾の胸に在り、而して爾をして是の福音を解せしむるものは、美的生活是れ也。」（同上書、七七七頁）

自力の限りを尽しても、如何ともしがたい運命というものがある。たび重なる喀血で絶望しかない樗牛の精神は、乱れに乱れた。それでも一瞬のこころの安らぎが欲しい。絶望と悲哀は彼をして、なお激しく反時代的、反社会的姿勢を濃厚にする。嘲笑、罵倒があればあるほど、彼は親友である姉崎に依拠したい。

明治三十四年十一月十五日、ライプチヒにいる姉崎に樗牛は次のように書き送った。

「君よ、予は敗亡の実なりと云へり。げに〳〵敗亡の身也、屈辱の身也、無念の身也。思ふこと内に結ばれて、外に狂者の如く想はるゝ身也。せめて是の体身の健かにして事に勝ゆべくむばゝ、叶はざるまでも亦詮術《せんず》べあれ。今の吾身は旦暮の薬餌是れ事として、書を読み筆を執ることだに心にまかせず、空しく青天白雲を望みて如是観を為すもの、あはれ敗亡の身に候はずや。」（『樗牛全集』第七巻、七三九頁）

こうなれば、一瞬にして天地を揺るがすほどの強力なものが欲しい。主情主義を突出させ、相対有限の世界に、絶対無限の生を願うのである。

さきの親友である姉崎への手紙には、衰弱し、絶望してゆく樗牛の心情がよく表現されている。

超人的、カリスマ的人間に、自分のすべてを預けてしまいたいのである。ニーチェや日蓮に注目したのも必然というほかない。

樗牛は天才の登場に期待する。論理的解釈などが必要なのではない。決断と解決が要る。自分の魂を救済してくれるものがすべてである。わずかに残された自分の生命の燃焼が欲しい。現実につかりながら現実を超克しなければならない。そのためには、道学先生のいう道徳とか理性とかから離れ、「小児のこころ」にかえるしかない。彼はこういう。

「嗚呼、小児の心乎。玲瓏玉《たま》の如く透徹水の如く、名聞《みやうもん》を求めず、利養を願はず、形式方便習慣に充ち満てる一切現世の桎梏を離れ、あらゆる人為の道徳、学智の繋縛に累はされず、たゞたゞ本然の至性を披いて天真の流露に任かすもの、あゝ独り夫れ小児の心乎。吾人素《も》と学なく才なし。唯々野性の生れながらにして移し難きものあるのみ。年来人に離れ、世と絶し、藐然として天地の間に嘯く。私《ひそ》かに想ふ、是の心それ或は小児の心に邇《ちか》からむ乎。」(「無題録」『樗牛全集』第四巻、八七二頁)

世俗を脱し、なにもかも、つきぬけたところに樗牛は「小児のこころ」を見たのである。純粋無垢で清潔で神聖なものが「小児のこころ」である。

人はすべて、この「小児のこころ」をもって生誕するが、成長するにともない世間の諸々の垢を拾い、原初の感覚を喪失し、現実世界の「常識」という鋳型にはめられてゆく。「小児のこころ」は、「童心」と呼んでもよかろう。そしてまた、狂の世界と呼んでもいい。

虚偽なく、純粋なものは狂の世界につながる。樗牛は既存する社会規範を峻拒し、原初の姿、純粋な自然の感情に回帰することで、絶対的無限の狂の世界に到達することを願ったのである。

若いときから、椽大の筆をふるい、多くの若者に注目されることを日常としてきた樗牛が、はじめて「生きる」のではなく、「生かされている」という自覚を抱いたのである。

「小児のこころ」以外に自分を救済してくれるものはないという樗牛の言を受けて、岡崎義恵は次のようにのべている。

「この語は既に謙譲である。死を前にして往年の客気は斂《をさ》まり、澄み透ったものを感じさせる。秋天に漂ふ残照のごとき静寂の色をさへ見る。野性的自我もここにおいて小児の姿に醇化され、神に近きものとも思はれる。彼も亦遂に宗教を持ち得たであらうか。『吾人は須らく現代を超越せざるべからず』といふ語は、単なる大言壮語ではなかったと思はれる。」(「高山樗牛論」、前掲書、三七一頁)

この岡崎の樗牛評価は甘すぎるという批判も多い。樗牛はいつまでたっても、他人に忘れられるのがこわい。常にほめられ、拍手喝采をあびていなければ淋しいのだという人もいる。

秋山正香は次のように酷評する。

「藐然として天地の間に嘯く、などとは嘘っぱちも甚だしい。見栄坊の樗牛は、先の、姉崎嘲風に宛てた、七月三日付の書簡で、思わず洩したように、『人々に忘れられ』ることを、何よりも恐れていたのだ。むろん、以前とは違った心境ではあるが、やっぱり、絶えず、ひとびとから喝采を送られていないと心淋しくてしかたがないのだ。」（『高山樗牛——その生涯と思想』積文館、昭和三十二年、二二八頁）

秋山ほどの酷評が適切であるかどうかは問題であるが、ほぼ同時期に死を迎えた真宗大谷派の僧、清沢満之（明治三十六年没）などの如来にたいする徹底した自力の無力、無効の境地と較べると、樗牛はたしかに甘いかもしれない。

生死にかかわる問題が、相対有限の世界で解決できるものではないということを樗牛も知っていた。だからこそ、彼もまた、絶対無限を願ったのである。しかし、彼の宗教的関心というものは、あくまでも思索であり、同情であって、最終的に彼自身が信仰者になるということはなかった。

清沢満之は時の宗教界の堕落、腐敗を見るに見かねて、僧侶の道の原点に帰るべく、徹底した求道生活を自分に課し、精神も肉体もあるものすべてを削ったのである。自分全体の摩滅に必死の覚悟であった。

彼は明治三十六年五月三十日、死の直前に書いた信念の告白ともいうべき「我信念」がある。自分の知性とか思索のすべてを燃焼し尽して、はじめて自分の無力ということがわかってくるという。

研究とか論理で宗教を理解するとか、建て直しをするとかを考えている間は、真実はわからないという。

日に日に苦しさを増してくる病魔の恐怖に、樗牛は不安、絶望の淵に何度も立った。そのたびに彼は、それを超克しようとして、世俗を超えた強力な精神を欲した。しかし、ついに彼は自分を信仰の世界に没入させることはできなかったのかもしれない。

主要参考・引用文献（高山樗牛の著作は省略）

秋山正香『高山樗牛――その生涯と思想』積文館、昭和三十二年

高須芳次郎『人と文学・高山樗牛』偕成社、昭和十八年

赤木桁平『人及び思想家としての高山樗牛』新潮社、大正七年

宮島肇『明治的思想家像の形成』未来社、昭和三十五年

宮川透『近代日本思想論争』青木書店、昭和三十八年
橋川文三『標的周辺』弓立社、昭和五十二年
渡辺和靖『増補版・明治思想史――儒教的伝統と近代認識論』ぺりかん社、昭和五十三年
「高山樗牛」『中央公論』特集、明治四十年五月
重松泰雄「樗牛の個人主義――『美的生活』論をめぐって」『国語国文』第二十二巻第五号、京都大学国文学会、昭和二十八年五月
室田泰一「高山樗牛の思想」『岐阜大学研究報告―人文科学』、昭和二十九年八月
広島一雄「豹変について――高山樗牛の場合」『文学論藻』、東洋大学国語国文学会、昭和四十年十一月
『高山樗牛・片上伸・島村抱月・生田長江集』〈現代日本文学全集〉59、筑摩書房、昭和三十三年

五——赤松啓介論

恐ろしいことをやってのけた若者がいた。その若者とは当時の「大御所」的存在として、日本民俗学の世界に君臨していた柳田国男にかみついた赤松啓介のことである。当時、柳田を批判、攻撃することは民俗学に携わっている人たちにとっては、決死の覚悟が必要だった。そういう雰囲気が存在していたのである。

柳田の冷たい視線によって、その世界から葬り去られた人は、一人や二人ではなかろう。柳田は神のごとく奉られる人であったのだ。

赤松が『民俗学』(三笠書房)を出版したのは、昭和十三年であった。その時彼はまだ三十歳になっていない。

一方、柳田は円熟味を増していた。昭和十三年にかぎっても、日本民俗学講座で、「酒の問題」、「餅の問題」、「伝説の社会性」、「猿蟹合戦の昔話」などを講義し、その他東京女子高等師範学校で「労働服の変遷」、宇都宮農学校で「農業の将来」、津田英語塾で「女と言葉」、東京外国語学校で、「国語学」を講演するというふうに、東奔西走、多忙を極めていた。昭和十六年には民俗学の創設と普及に尽力したということで、「朝日文化賞」を受賞している。

絶頂にあった柳田の存在を知りながらも、この若い無名の赤松は、柳田にかみついたのである。公にしたのであるから、赤松の『民俗学』に柳田が気付いていないはずはない。柳田およびその周辺の人たちは、どういうわけかこの赤松の『民俗学』を無視したのである。歯牙にもかけぬというふうであった。

この時のみならず、赤松のこの書はその後も日本民俗学会からは無視され続けたのである。佐野眞一もこうのべている。

「戦前からの柳田のプチブル性を批判し、唯物論の立場にたって、夜這《よば》いと非常民の民俗学研究を一貫してテーマとしてきた赤松は、最近でこそ、阿部謹也、網野善彦、山折哲雄などから再評価の熱いまなざしが注がれているが、柳田が神のごとく跪拝《きはい》された戦前、戦中、戦後を通じ、赤松の名を口にすることすら一種のタブーとなっていた。」（『旅する巨人――宮本常一と渋沢敬三』文藝春秋、平成二十一年、二〇三頁）

なぜ無視され続けられねばならなかったのか。それは赤松の作品が取るに足らぬ愚作であったからか。そうではあるまい。

赤松のような、マルクス主義的視点の強い民俗学を柳田はもちろん、その周辺の人々も警戒し、できることなら、そっと闇に葬りたかったのではないか。

よくあることであるが、自分の権威を維持するための黙殺だったように思われてしかたがない。

福田アジオは、この赤松の『民俗学』が黙殺された理由と、本書のもつ現代的意義について次のようにのべている。

「完全に無視されてきたと言うべきであろう。しかし、価値がないから無視されたのではない。その逆である。影響を恐れての無視だったと思われる。今日、民俗学は出版物が多く出ることによって発展してきているかのように見られるが、内実は混迷の度を強めていることは明らかである。これからの民俗学がどのような道を選択して歩むのかは、若い世代の研究者に委ねられている。民俗学を目指す多くの若い人々が『民俗学』を読むことで、鋭い問題意識と強烈な批判精神を学び、自己の民俗学観を形成し、主張してほしいと願って、本書の解説としたい。」（「赤松啓介の民俗学と『民俗学』」、『復刻・民俗学』の「解説」、明石書店、昭和六十三年）

柳田および、当時の柳田の傘下にいた人たちが、この赤松の『民俗学』を無視したり、黙殺したからといって、若き赤松のこの仕事の普遍的価値が揺らいでなくなったわけではない。

この書は、単に柳田を批判したり攻撃しているだけではない。もちろん結果的にはそうなるが、彼独自の民俗学形成のねらいを読み抜かなければならないであろう。

昭和十四年に検挙され、昭和十八年まで獄中にいたことは、赤松にすれば貴重な学問研究の時間を奪い取られることであった。このことは日本民俗学界においても、じつに悲しいことであったし、大きな損失であった。

柳田は赤松を無視、黙殺したのであろうが、赤松は大先輩柳田の学問を避けて通るほど傲慢ではなかった。むしろ柳田の民俗学創造への情熱、功績を彼は高く評価している。

「柳田国男は既に明らかなように日本民俗学開拓者の一人であり、かつ現在の発展にまで導いた最大の功労者であり、今や『大御所』的存在として特に地方研究者の渇仰の的となった。……（略）……アカデミー的研究者達の蔑視に対抗して、こゝまで民俗学を築きあげた功績は偉大なものといへよう。」（『復刻・民俗学』明石書店、昭和六十三年、五四頁）

しかし、すかさず柳田を小ブル的農本主義の傾向にある者として次のように批判している。

「彼の強味は『旅と伝説』を初め地方の群小雑誌に現はれた小ブル的研究者の啓蒙に勉め、その趣味的伝統を知識的中間層の開拓によって清掃せんとし、それが成功とともに強大な支持の地盤を獲たことだ。それは彼が実に小ブル的農本主義の傾向にあるといふことに於て、地方の小ブル的研究者達と基底が一致したからであり、また地方の小ブル的研究者もかつての好事家・趣味家・猟奇家が朽ち老いて、アマチュア的研究者として知識的中間層が増大したから、彼らが柳田氏のうちに共鳴と希望を見出したのは当然である。」（同上）

なにはともあれ、柳田が従来の文献依存のアカデミズムに抗して、民衆の生活の足跡に熱い視線を向け、さまざまな資料を駆使して彼らの日常性を明らかにしようとした試みにたいしては敬意を表したのである。

しかし、この民衆の日常を照射するという視点に立つとき柳田の学問が、あらゆる角度からもそれにふさわしいかどうかについては、大きな疑いがあることを赤松は指摘する。

柳田の学問は、当時の社会運動家の思想を「善導」する役割さえ与えられていたともいえる。愛国の情あふれる柳田学の傘下にいれば、権力に目をつけられることはないという安心感を抱く人もいたであろう。激しく厳しい社会運動で傷ついた人たちの傷を癒す格好の場を提供することにもなっていたのであろう。このことは柳田の民俗学の性格を考える場合、欠かせないところである。

彼の学問は国家権力から弾圧されることはなかった。日本ファシズムの嵐の前で柳田は、なすすべもなかったという人もいるが、そうではなくて、柳田は国家の為に一肌脱いだといったほうがよいかもしれない。民衆の実態を調査し、その肉声を収集しようとする学問が、支配権力にとって害がないということはない。有益であるというのであれば、その時点で、民衆の日常にある呻きや嗚咽はその民俗学という濾過装置によって、没生命的なものになり果てているのである。

『遠野物語』と同じ明治四十三年に出版された柳田の『石神問答』を、赤松は次のように評価している。

「柳田国男著『石神問答』は明治四三年五月に出版され、柳田氏と山中笑・和田千吉・伊能嘉矩、白鳥博士・緒方小太郎・喜田博士・佐々木繁・松岡輝夫の石神に関する往復書翰を内容とし、民俗学的論著の冒頭を飾る歴史的意義を持つ。本書の重要性は中小農没落必至化の傾向に基底崩壊を感じた官僚の、小ブル的農本主義に立つ回顧的・空想的研究の発端をなしたことにあり、それは同じ著者の『時代と農政』(同年一二月刊)に現はれた尊徳仕法への憧憬に明かである。換言すればこゝに初めて小ブル的民俗学が胎生されたのであり、」(同上書、三五―三六頁)

この『石神問答』が世に出た頃、日本は農業国家から工業国家への転換の時期にあたり、大地主は寄生化し、中小地主は資本の攻勢によって不安のなかにおとしめられていった。産業としての農業が衰退してゆけばゆくほど、農への郷愁、愛着のようなものは強くなり、ほろびゆく農村への回顧の念が浮上してくる。いわゆる本格的観念的農本主義の台頭である。

農本主義者たちの多くは、農村内部に病巣として存在する土地制度の矛盾や貧困からは、目をそらすようにしむけ、ほろびゆく農村、ふるさとの風景に強烈な郷愁を抱かせるよう山紫水明的幻想を創出する。

農村、ふるさとに郷愁の念を抱かせるのは、なにも農本主義者だけではない。民俗学にもそういうところがあることを忘れてはならない。近代化の激しい波によって押し流され、消去されてゆく習俗、歴史をなつかしさのゆえになんとしても保存しておきたいという願いを民俗学も持っている。

本来、民俗学というものは、政治とは無関係のように思われているが、けっしてそうではなく、じつは両者は微妙な関係にあることに注意しておかなければならない。民俗学が単なる好事家的なものになり、珍品や奇話を収集するだけのものになるとき、それはたちまち権力に加担し、支配体制に有利な手段を提供するものに零落してゆくことは必至である。

毒気を抜き取った自然賛美は、いつの時代においても、権力によって利用されるというきわめて危険なものをはらんでいると思わねばなるまい。

この赤松の柳田民俗学に対し、ずっと後になってからのことであるが、花田清輝が次のような反批判をしたことがある。

花田は柳田民俗学を弁護しようとしたのではない、という「但しがき」をつけて、次のようにのべたのである。

「われわれの祖先の信仰をあきらかにするための必死の努力を、『回顧的・空想的研究』として——農本主義の内部からの切りくずしを、『尊徳仕法への憧憬』として一蹴するような批判は、もはや批判ではなく、誹謗と受けとられても仕方がないのではなかろうか。なるほど、それは、一見、権威をおそれない批判のようにみえるかもしれないが——したがって、柳田国男の行きかたと軌を一にするもののような気がするかもしれないが——しかし、事実は、マルクスやレーニンの権威によりかかり、日本人の生活から眼をそむけているにすぎないのである。」(「柳田国男について」神島二郎編『柳田国男研究』筑摩書房、昭和四十八年、一六二頁)

花田が指摘しているように、たしかにこの赤松の柳田批判は、イデオロギー過剰で、性急にして独断的なものであるが、当時の柳田の巨大な勢力に対して、堂々と批判をしている赤松の姿勢は認めなければならない。

今日、経済大国日本の装飾品的御用学問として、軽薄な日本文化論、日本人論が横行しているが、これは一歩誤れば、日本の「伝統」を作為的にでっちあげ、極端なナショナリズムに走る危険性をはらんでいる。赤松の批判は、それなりの評価がなされて当然である。

赤松も自分の欠点を認めながら、この花田の批判に対し、次のようにのべている。

「花田清輝が『近代の超克』(一九五九年一〇月、未来社刊)の『柳田国男について』で、私の柳田国男批判を再批判しているけれども、柳田の『経世済民』はわかるのだが、いみじくも彼が指摘しているように『上』からの『経世済民』であって、われわれが望んでいる『下』からの『革命』ではないのである。当時、私はいまいったような情況の中で、走りながら考え、走りながら書いたので、書斎や研究室、図書館があるはずもなく、僅かな手持ちの資料ででっち上げたのだから、一面的、公式的と非難されればその通りというほかはあるまい。」(『非常民の性民俗』明石書店、平成三年、五五―五六頁)

私はここで赤松の民俗学が完成されたものであるなどといいたいのではない。彼は柳田民俗学の批判を通して何を主張したかったのか。このことについて少し言及してみたいのである。

まず、あげておきたいのは柳田の民俗資料の採取の件であるが、赤松は厳しい批判をしている。

柳田を中心に大間知篤三などによって、昭和十年八月に結成された「民間伝承の会」というものがあるが、ここに柳田のねらいが如実に現れていると赤松は次のようにいう。

「民間伝承の会とは地方の小ブル的研究者を組織化し、それを資料採集の吸盤として利用するためのものであり、だから地方の研究組織乃至雑誌の整理と統制、それを通じて研究者及び研究を一定の方向へ制約することを目的としてゐる。『研究題目の分担を明かにし、資料の交換を旺んにし、採集方法と技術の習熟を計り、無駄の採集重複を避け、また未採集地域の採訪を促進すること等、総て意識的な方法によって、此の学問の発展を期することが可能だと思ひます。』といふ趣意は、地方研究者を単なる採集者に陥入れて隷属させようと企図してゐる。中央の研究者にとってのみ誠に結構な可能性ある趣意だらう。」（『復刻・民俗学』、五五頁）

研究者は中央の大学や研究所にいて、資料採集者が地方にいるという構図への批判である。「一将功成りて万骨枯る」という声は、何も赤松だけが発したものではない。こういう関係が成立するのは、それなりの理由があったのである。地方にいる採集者が、柳田「大先生」のために、という気持が強く、柳田にほめられたりすると有頂天になる。その心理を柳田たちは利用する。

次のような声を発する人もいる。

「戦前の民俗学は盛んであったといいますけれども、それは中央の柳田氏とかいう一部の学者に資料を提供する。つまり、地方にいて民俗学を研究しているといっても、その多くは、民俗学の資料を採訪して、それを素材のまま雑誌に発表し、学界？に提供するというだけの仕事でありまして、実際の研究をしている人は中央におって、全国から集まった資料の上に研究を進めていたに過ぎないのであります。これが偽らざる事実であります。」（一志茂樹「民俗学と地方史研究」、野口武徳・宮田登・福田アジオ編『現代日本民俗学』〔1〕、

三一書房、昭和四十九年、一五七頁）

柳田は全国を隈無く歩いたといわれているが、一度や二度の訪れで、地方の民衆が柳田に真意を語るはずはなかろう。ことにタブーとなっているムラの秘密など口が裂けても喋ったりはしない。

研究する人と集める人とが分断されるということは、民俗学のもっている宿命的なものかもしれないが、そのことは次のような弊害を生むと赤松はいう。

「民俗学のように資料の占むる価値の大きい科学にあって、資料の全き獲得と整理が可能でないのは致命的であり、必然に地方研究者を単なる資料採集者に堕せしめ、中央研究者への隷属を不可避ならしめるのである。中央研究者にとって自己の頤使に甘んじて服する地方研究者の増大ほど結構なことはなからうが、しかしそれは資料の雑然たる堆積と研究の封建的な遂行によって、科学そのものの頽廃をもたらすとともに、」（『復刻・民俗学』五八—五九頁）

赤松は、柳田という人物は、ムラで地下に埋まっている民俗を採取したことなどないのではないかという。そうであるなら、誰が採取したのであろうか。

この点に関して、柳田と渋沢敬三を比較して、佐野眞一は次のようにいう。

「柳田は『郷土研究』などを通じ、多くの郷土史家に働きかけて民俗学に興味をもたせていったが、その多くは柳田の忠実な民俗資料レポーターとして終わった。この点について岡正雄は、柳田学の基礎資料は多くの無名の報告者の報告から成り立っている、とした上で、『ずっと後になって、先生に対する僕の悪口の一つが、柳田学は『一将功成って万骨枯るの学問』だということです、お前たちは報告だけしろ、まとめるのはおれがやる。僕はいつも何か割り切れない気持でみていました。』と述べている。これに対し、敬三は後述するように、すぐれた在野の研究者をみつけると、その人間がもっているものをすべて吐き出させ、さらにそれによって一人一人が独自の研究姿勢をもっていくように仕向けた。これは何も専門の研究者に限らなかった。敬三は、ごくふつうの漁民や開拓農民にまで声をかけ、彼ら自身に筆をとらせた。」(『旅する巨人―宮本常一と渋沢敬三』文藝春秋、平成二十一年、一六〇―一六一頁)

常に上からの立場を固執してゆずらない柳田に対し、渋沢の人間に対する姿勢の違いが明確に描かれているが、赤松が柳田にどれほど遠く離れていて、渋沢にどれほど近いかがよくわかる。

次にあげたいのは、性に関する民俗のことである。赤松は性に関する民俗に注視し、大きく取り上げたが、柳田はこのことを可能なかぎり押し隠していった。

衣・食・住と並んで人間生活の基本をなす性の問題をはずして成立する民俗学というものは、いったいいかなるものかという思いを赤松は強く抱いている。

国家権力と性の問題は、思いのほか重大な関わりを持って存在しているのである。性の向かうところに国家は手を焼いてきた。性の秘めた爆発力は、何を持ってしても抑止し切れないものを持っている。国家はそのことに常に敏感であるし、それを封じ込めようとして殺気だつ。性に関る日常を無視して生活の実態を知ることはありえない。もし、それに目をふさぐなら、心臓のない人間を人間として見ているようなものである。

いかなる道徳、倫理、あるいは法的規制をもって押え込もうとしても、それを打ち破り、突き抜け、乱舞するエネルギーを性は持っている。

日本の軽薄な近代化を鋭く批判したとはいうものの、役人として、あるいはそういうスタンスで国家の側に立っていた柳田が、猥雑な問題を積極的にとりあげることなど、はじめからできない話である。

柳田の立場を理解しつつも、赤松はこうのべている。

「周知のように日本民俗学の主流であった柳田派は、こうした性的民俗については、実に頑強なまでの拒否反応をしめした。当時の民俗学の置かれた状況からみて、ある程度までの自制を必要とした立場は、私にも理解できる。しかし彼と、その一派の拒否反応は異常というべきまでに昂進してしまい、人間生活にとって最も重要な半面の現実を無視する誤りを犯した。」(『非常民の民俗文化』明石書店、昭和六十一年、四〇頁)

単に柳田は性の問題に重点を置かなかったというよりも、国家側からの性にまつわる習俗の取締りに協力し、民衆の自然性の弾圧に加担したことになる。これは大きな問題である。柳田が性の問題を避けていることを指摘、批判したのは、何も赤松だけではない。南方熊楠もその一人である。

大正五年、熊楠は六鵜保にあてた書簡で、柳田の民俗学に触れ、次のようにいっている。

「貴下はこの三年来小生ほとんど毎号書きおり候『郷土研究』雑誌御覧下され候や。もし御覧あらばそれに出したる諸説に関し、いささかたりとも御聞き及びのことあらば直ちに本社なり、また小生なりへ御知らせ下されたく候。この『郷土研究』は貴族院書記官長柳田国男氏(小生面識なき人なりしが、一昨々年末尋ね来たり対面せし)が編纂にてずいぶんよく編みおるが、氏は在官者なるゆえ、やや猥雑の嫌いある諸話はことごとく載せず。これドイツなどとかわり、わが邦上下虚偽外飾を尚ぶの弊に候。小学児童を相手にするとかわり、成年以上分別学識あるものの学問のために土俗里話のことを書くに、かようの慎みははなはだ学問の増進に害ありと存じ候。」(『南方熊楠全集』〔9〕、平凡社、昭和四十八年、四三三頁)

熊楠はさらに、『郷土研究』の記者に与うる書」のなかで、夜這いに触れ、これは地方、郷土の安全、繁栄のために欠かせない重要なもので、これを無視してはならぬと、こういう。

「婚家の成立大家《たいけ》にあらざる限りはみなこの夜這によりて定まることで、いろいろ試験した後に確定する夫婦ゆえ、かえって反目、離縁等の禍《わざわい》も少なく、古インドや今の欧米で男女自ら撰んで相定約するごとく、村里安全、繁盛持続のための一大要件なり。……(略)……この夜這の規条、不成文法ごときも、実は大いに研究を要することにて、何とか今のうちに書きおきたきことなり。それを忽諸《なおざり》に付し、また例の卑猥卑猥と看過して、さて媒妁がどうするの下媒人《したなこうど》に何人《なんびと》を頼むの、進物は何を使うのと事の末にして順序の最後にあることのみ書き留むるは迂《う》もはなはだし。田舎にて媒妁はほんの式だけのもの、夜這に通うちの通わせ文、約束の条々等が婚姻の最要件であるなり。」(『南方熊楠全集』〔3〕、平凡社、昭和四十六年、二五一―二五二頁)

ムラに生きる民衆にとって、性に関する唄や話は、猥談とか猥褻といったものではなく、生活そのものになっているのである。性の話を猥褻と称して取締りの対象としたのは、明治国家による性の管理統制によるものであった。

この問題を柳田が回避していたということは、民俗学の「地位向上?」に役立ったのかもしれないが、彼は民俗学から大きなものをスタートの地点で欠落させたということになりはしないか。

熊楠や赤松が、民衆の生活のなかにある、ありのままの性をとりあげたのにたいし、柳田はそうはしなかった。そのため、柳田の民俗学のなかには、整理された美しさはあっても、人間の根源的破壊性、残虐性、また習俗のなかにある怪奇、異様な人間臭さがにおってこない。

谷川健一はこの点に関して柳田と熊楠を比較して次のようにのべている。

「男女の性愛は民間の習俗や伝承のあらゆる部分に入り込んでいるといっても過言ではない。今にしておもえば南方の言葉は、彼が猥雑な言を放恣に弄するという批難に答えて弁疎であるというだけでなく、柳田民俗学の出発にあたってはやくもその限界をするどく指摘したものにほかならなかった。なぜなら庶民の生活は猥雑さを抜きにしてあり得なく、また猥雑さによってしか、支配階級を撃つことはできないからである。南方は神主や若者による処女の破素の事例をしきりにあげているが、これを支配と被支配との関係におきかえると、神といけにえの関係に追いつめることができる。そして人身供犠の風習は天皇制の思想と無関係ではあり得ない。柳田民俗学は性の問題を忌避したがために天皇制に肉迫する衝撃性を失ったのである。」(「『縛られた巨人』のまなざし」『南方熊楠全集』〔8〕、平凡社、昭和四十七年、六三六―六三七頁)

民衆の日常は猥雑さを欠落させては成立せず、また、その「猥雑さによってしか、支配階級を撃つことはできない」という谷川の言葉は辛辣であり、重い。

衣・食・住と男女の関係は、人間生存の根源的なものであり、その一つである男女の関係、つまり性の問題をはずして、生活史は描けないとの確信が赤松にはあった。しかし、国家の描く「正史」はそれを隠蔽しようとする。なぜなら、性の持っている激しく爆発するエネルギーが恐ろしいからである。

性の問題を扱わないということは、その時点で国家権力とその支配に敗北を喫しているということでもある。

柳田ができるだけ避けようとするのにたいし、赤松はこの問題を執拗に扱ったということは、彼の民俗学がどこに向かって矢を放っているかがわかるというものである。差別と犯罪とこの性に関するものに注目した赤松の民俗学は、まさに柳田民俗学が欠落させていたものを補うことになっていたのである。

赤松は何はさておいても、この性の民俗だけは、はずしてはならぬと次のようにのべている。

「戦前において、あらゆる民俗が調査、研究の対象になったかというと、そういうことにはなっていない。その最も顕著な例は、『性』民俗である。国家が売春を公認していたのであるから、『性』の重要性もわかっていたはずであった。しかるにワイセツをもって、公開を弾圧したのはどういう根性か疑われる。『性』がワイセツであるなら、人間の生活

でワイセツでないものは一つもありえない。」(『非常民の性民俗』明石書店、平成三年、二二二頁)

悠久の歴史のなかで民衆があたためてきた習俗のなかで、権力というものは、自分に都合のいいものだけを維持、保存し、都合のわるいものは弾圧、排除してゆく。柳田民俗学は権力支配の方向に寄与することになったと赤松はいうのである。

ムラにおける民衆の集まりが、強引に官製化されたとしても、それは表面的なことであって、日常的には、旧来の世界のなかで人々は生きている、柳田らの行う民俗調査というものは、この表面的なものであって、深淵の領域には触手をのばしていないと赤松は断言している。その深淵の領域のことが日常的に行われるのが民衆の生活だという。赤松はこういう。

「私たちが気づいて調査し、資料を集めはじめたときには、いわゆる近代思想、とくに日本では教育勅語型理念、国家倫理的精神で、村落共同体のもっていた自主性、平和思想を徹底的に弾圧、解体させ、破壊に狂奔していた。その悪質な手先として働いたのが柳田民俗学で、このため貴重な資料を埋没、抹殺してしまったのは、痛恨というほかあるまい。とくに最も被害が大きかったのは『夜這い』民俗であり、夜這い世代では、夜這い民俗が特別に変わったものでなく、少し大袈裟にいえば日常の茶飯事で、夜這いばなしなど『今日は』のあいさつと殆んど同じである。」(『非常民の民俗境界』明石書店、昭和六十三年、五

○―五一頁）

赤松がこの夜這いの問題に執着したのは、柳田民俗学の空白部分を埋めるというねらいがあったのはいうまでもないが、しかし、それだけではない。夜這いを肯定することは、教育勅語などによって、性の統制をはかろうとする国家権力に対峙する意味を推し量る必要がある。教育勅語など国家がもってくる道徳・倫理などを後生大事に守っていたら、ムラの活力は弱まり、ついには崩壊するであろうと赤松はいう。

いま一つ彼は重大な視点を投げかけている。それは性習俗の弾圧と資本主義の発達との関連である。

夜這いなど性習俗を禁止・弾圧するということは、国家的規模の遊郭・その他の遊所による巨大な税収につながるという。赤松はこういう。

「明治政府は、一方で富国強兵策として国民道徳向上を目的に一夫一婦制の確立、純潔思想の普及を強行し、夜這い弾圧の法的基盤を整えていった。…（略）…農村地帯で慣行されている夜這いその他の性民俗は、非登録、無償を原則としたから、国家財政に対しては一文の寄与もしなかった。…（略）…明治政府は、都市では遊郭、三業地、銘酒屋その他、カフェー、のみ屋など遊所の発達を保護、督励し、はるかに広大な領域の農村にも芸妓屋、料理屋、性的旅館、簡易な一ぱい屋などの普及、…（略）…ともかく、そうした国家財政の目的のために、ムラやマチの夜這い慣行その他の性民俗が弾圧されたことは間違いない。」（『夜這いの民俗学』明石書店、平成六年、八五―八六頁）

このように赤松が夜這い、その他の性習俗をとりあげるということは、ただ面白く、おかしく性を扱っているのではない。そこには、天皇制、国家権力、資本主義の発達などとの関連で、そのカラクリを見抜く力が生活体験から常に彼のなかには宿っていたのである。

山人への関心が強かった頃は別として、柳田には、極論すればムラの習俗というものは、国家の支柱となるものでなければならなかった。逆にいえば、国家に弓を引くようなものは捨てるか、見て見ぬふりをして郷土の習俗から抹消してしまうようなところがあったように思われる。

いま一つ赤松の主張の大きな特徴は「非常民」の民俗学である。「非常民」の民俗学とは、柳田の民俗学である「常民」に対峙する意味である。

柳田が「常民」という言葉を使用するにいたった経緯を検討する余裕は、いまはないが、ここでは伊藤幹治の説明をあげておきたい。

伊藤は柳田学のなかで、「農民」と「常民」の位置、存在がきわめて大きいことを主張しながら、こういう。柳田は農政学や農村学のなかでは「農民」を使い、民俗学では「常民」を使ったと。前者は「実体概念」であるのに対し、後者は「抽象的概念」だという。伊藤の文章をあげておこう。

「柳田のイメージのなかに定着した『農民』とは、喜びを分かちあい、悲しみを共にした、地域社会としての郷土に生活する住民のことである。ところが、『常民』になると、こうした実像が捨象され、ひとつの抽象概念にすぎなくなっている。」（『柳田国男――学問と視点』潮出版社、昭和五十年、六〇頁）

伊藤は「農民」と「常民」とでは、生きている舞台が違うことを指摘するのである。「農民」が郷土を舞台にしているのに対し、「常民」は国民社会を舞台にしているという。

「『農民』はローカル・レヴェルの実体的な人間像を、『常民』はナショナル・レヴェルの抽象的な人間像を意味している、ということができよう。このように、《柳田学》の主役が実体概念から抽象概念に変貌し、その舞台が郷土から国民社会へと移行したことは、柳田の視点に、次のような変化が生じたことを意味している。それは、『農民』を媒介とした郷土性の追求から、『常民』を媒介とするエートノス（民族性）の討究への変容ということである。《柳田学》のなかで、中核的な位置を占めている《柳田民俗学》とは、このエートノスの討究に究極的な視点をすえた学問にほかならない。」（同上書、六〇―六一頁）

柳田の家（旧姓松岡家）は、定着農民ではなく現実の地域、郷土よりも、はじめから抽象的普遍的なものに向かう要素があった。

幼くして故郷を離れざるをえなかった柳田は、氏神を中心としたムラでの、あの交歓に酔いしれることもなければ、ムラの呪縛を体験することもなかった。歓喜も煩わしさもなく、たまに帰る柳田を迎えてくれるものは、山川草木のみであった。郷土に執着することのなかった彼は、イメージとしての故郷をナショナルなものへ直結させることによって、精神的バランスをとっていたのかもしれない。

生地を離れ、各地を転々とせざるをえない人間が、幻想としての故郷を追い求めようとするとき、現実の毒や矛盾は後方に退却し、あるいは消え、その故郷は観念の上で拡大し、美しい国、美しい民族のあるところに飛翔してゆく。「実体概念」としての農民が、「抽象概念」となることは、そういった彼の故郷観から割りだせるものである。

しかし、赤松にとっては、柳田が平民や農民や人民から常民を使用するにいたった経緯など、どうでもよかった。いずれにせよ、柳田の扱う対象は、定住者である農民であろうと、抽象的常民であろうと、それは要するに一部の人間の表面的なものにすぎない、というのが、赤松のこだわるところであった。

赤松は柳田らの日本民俗学が排除した人たち、その人たちの文化のなかに真の日本人や日本文化を見ようとする。

『非常民の民俗文化』の出版動機について赤松はこうのべている。

「いわゆる民衆、市民、常民といわれるような階層の他に、その底、あるいはそのまだ底、その下の底などにも、いくつもの人間集団があり、かれらがどのような生活意識をもち、どのような生活民俗を育ててきたか。その極めて概要を説明してみたいと思ったのが、『非常民の民俗文化』である。日本の民俗学では、常民以下の生活集団は余計者として排除、つまり疎外してしまう。常民までは人間だが、それ以外の生活集団は、非人間として対象から外した。」(『非常民の民俗文化』、六頁)

柳田は日本の近代が生んだ、とてつもない大きな知識人であることはいうまでもない。前人未踏の広大な分野に鍬を入れ、膨大な量におよぶ仕事をした。従来の史学が英雄の伝記や政治的大事件の紹介に終始していたのにたいし、彼は歴史の隅に追いやられてきた領域に、新しい価値を認めようと意欲を燃やしたのである。ことに柳田の初期の民俗学は、この点に重きが置かれていた。山や山人の研究である。これは定住者ではなく、漂泊者たちの領域である。そういう意味では柳田も最初は「非常民」の世界に大きな関心を寄せていたのである。

しかし、赤松にしてみれば、いずれにしても柳田の民俗学は、結局「非常民」の習俗は切り捨て、「常民」こそが天皇制国家を支えてゆくものだとし、その「常民」の学を民俗学と称し、日本学にしたのである。

一方、階級的矛盾や土地制度の矛盾を無視し、隠蔽するものとしての「常民」に赤松はこだわったのである。

たしかに人間を資本家対労働者という対立構造のなかに組み入れてしまう人間観は、人間の本質を見失うことになる。戦後一時期このような風潮が強い時期が存在した。この単純な見解によって、どれほど多くの人間性無視が行われたことか。

資本家のなかにも、善良な人もいれば悪人もいる。労働者とて同じことである。階級にとらわれすぎると人間の本質を見失うことは事実である。しかし同時に、この点を無視しても、また失う部分が生じることも事実である。

今日、階級的対立というような構図を持ちだすと、時代錯誤として一蹴されかねないが、それでいいのか。いまもって階級は厳然として存在し、それぞれの枠内でしか考えられない民俗もある。階級的視点を入れると民俗学は存在しないのか。そんなことはあるまい。反乱、革命、戦争といった非日常と思われるもののなかにも、民衆は日常として生きる。

民衆がもつ情念は、いついかなるところで噴火し、全体を火の海にするかもしれない。宮田登の現代民俗学への忠告を最後にあげておきたい。

「いったい現代の民俗学が何を見失っているのかということを考えるとき赤松啓介氏の民俗学がそのことをはっきり教えてくれているのであり、……（略）……元来民俗は、文化全体の活性化の原点にあって活力にあふれ、ドロドロした捕捉しがたい現象を示している。したがってその全体像をとらえる作業は困難をきわめるだろう。折角網の目をかけてすくい上げたように思えても、本質はスルリと抜け落ちてしまう。日本民俗学の主流を占めてきた柳田民俗学自身にもそうした空しさがつねにつきまとっているのであり、赤松啓介氏の一連の仕事はそうした空白部を早くから鋭く衝いてきたのであった。」(『非常民の民俗境界』の「解説」)

主要参考・引用文献
赤松啓介『民俗学』三笠書房、昭和十三年
赤松啓介『復刻・民俗学』明石書店、昭和六十三年
佐野眞一『旅する巨人――宮本常一と渋沢敬三』文藝春秋、平成二十一年
福田アジオ、赤松啓介の『復刻版・民俗学』の「解説」、明石書店、昭和六十三年
赤松啓介『非常民の性民俗』明石書店、平成三年
野口武徳・宮田登・福田アジオ編『現代日本民俗学』(1)三一書房、昭和四十九年
赤松啓介『非常民の民俗文化』明石書店、昭和六十一年
『南方熊楠全集』(9)平凡社、昭和四十八年
『南方熊楠全集』(8)平凡社、昭和四十七年
『南方熊楠全集』(3)平凡社、昭和四十六年

赤松啓介『非常民の民俗境界』明石書店、昭和六十三年
赤松啓介『夜這いの民俗学』明石書店、平成六年
伊藤幹治『柳田国男——学問と視点』潮出版社、昭和五十年
中山太郎『日本若者史』春陽堂、昭和五年
谷川健一『原風土の相貌』大和書房、昭和四十九年
山中正夫『反柳田国男の世界』近代文芸社、平成四年
『マージナル』vol.5、現代書館、平成二年五月十五日
神島二郎編『柳田国男研究』筑摩書房、昭和四十八年

六――綱島梁川と「見神」

明治三十年代の後半に、神を見たという人物が論壇に登場した。「見神の実験」を現実に行ったというのである。「予が見神の実験(1)」を公表してのち、このことは各方面に、強大な衝撃を与えた。なかんずく当時の流行語ともなっていた「煩悶する若者」の魂のなかに深々と食い込み、多くの支持を得た。彼の名を綱島梁川(以下梁川と記す)という。

高山樗牛と並んで、梁川の名は当時広く世間に知れわたり、彼は宗教思想界における風雲児であったが、今日彼の名を知る人は少ない。

梁川の生涯は極めて短い。三十四年の人生である。しかし、この短い三十四年のなかに狂や異の人生が凝縮されているようにも思えてくる。ことに晩年は一日一日が運命との闘いの日であったように思える。文字通り命懸けの人生であった。樗牛に較べるとき、やや地味だという評価もあるが、梁川が若者に注目されていたのは事実である。梁川が脚光を浴びる状況を杉崎俊夫は次のようにのべている。

「明治三十一年頃に始まる宗教的評論は、三十五年以降その活動の全幅を領するに至り、その思索は遂に神秘的宗教体験としての『見神の実験』に昂揚し、一世を驚倒させた。そしてそれらは随感的文集の形式で、『病間録』（明治三十八年九月）『回光録』（明治四十年四月）に結集され、金尾文淵堂から上梓、思想界に多大の反響をまき起こし、熱狂的な多くの敬仰者を生み、『梁川熱』は明治三十末年代の思想界を風靡した。(2)」

石川啄木が共振し、敬愛し、島村抱月が「敬すべき梁川」、「美しい梁川」と呼び、安倍能成が「修道の士」と呼んで尊敬した。西田幾多郎も多くを梁川から学んでいる。若者が梁川を慕い、梁川は若者に対して胸襟を開き、惜しみなく愛を与えた。

啄木は梁川の死に際し、次のような弔いの詞を表している。

「今の世に於て、多少宗教とか文学とか、哲学とかに心を入れた者で、我が梁川氏の名を知らぬ人はあるまい。既に其名を知って、未だ其文を読まぬ人はあるまい。……（略）……世は過渡の時、人は彼方に行き此方に彷ひ、迷は迷を生んで、一代の風潮其帰趨を知らざる時、一切の眩惑を洗ひ落した赤裸々の霊魂を以て、霊魂の在家を探れよと叫んだのが、乃ち梁川氏である。(3)」

西田幾多郎は明治三十九年三月二十一日、広島に住む堀維孝宛の書状のなかで次のごとく梁川に触れている。

「一日も早く東京に出て種々なる人物思想に接し自己の思想をも働かせ度と存し居り候大兄には禅の方益御進境の由奉賀候雪門老師は始終和歌山もしくは越後にあり洗心庵は荒廃の状態に御座候　梁川氏の病間（閒？）録は小生等には其境涯を伺うことはできぬが思想に於ては小生其一字一句を賛成致し全く余の言はんと欲する所を云ひたる如き心地致し候(4)」

西田は梁川の命懸けの求道の姿勢に強く共鳴し、大いに学んだのである。明治三十七年九月、雑誌『新小説』に書いた梁川の「宗教上の光耀」を読み、西田は大きく心を動かされてもいる。西田が梁川から受けた影響を宮島肇は次のごとくいう。

「西田は自己の禅体験の哲学化への道を、梁川の宗教哲学を知ることによって、初めて学問的にその端緒をつかみ得たのではないかということである。(5)」

「梁川の態度に全幅の信頼と賛意とを表する西田は、このようにしてその自らの研学求道をば、『命懸けの大事』として受けとり且つおし進めることを梁川から改めて学び直したと、わたくしには考えられるのである。…（略）…西田が最も心打たれたのは梁川のこの『命懸けの大事』という真剣勝負そのもののような研学求道の態度ではなかったかと、わたくしには考えられるのである。(6)」

梁川は各方面より、ある時は熱く迎えられ、またある時はよってたかって攻撃された。ところで、いずれにせよ梁川が注目を浴びた明治三十年代とは、いかなる時代であったのか。さまざまな見方が可能であるが、一口にいってこの時代は、「外」から「内」への転換期ということができよう。ヨーロッパ列強に抗して独立を確保し、富国強兵策が国家的重大任務で、すべてがその方向に収斂してゆく時代から、国家と切れた私的人間、私的利益追求の時代へと移りゆく時期であった。国家への忠誠や奉仕が必ずしも「私」の幸福に結合しないことを実感し、苛立ちと絶望を覚えるにいたった人たちは、やがて煩悶の海に流されてゆく。国家至上主義と並行していた規範、モラルは大きく崩れざるをえなかった。憂国の志士的生き方も、生産力発展を支えた合理主義、功利主義的生き方も、ともにこの心情を満たしてくれるものではなかった。精神の空白、虚脱、漂泊、アナーキーという風景が登場したのである。庇護してくれるものを喪失し、傷ついた心は、新たなる救世主的存在を求めて彷徨することになる。宗教的なるものの浮上は必然であった。この時代を「近時の宗教的傾向」と表して島村抱月は次のようにのべている。

「近時の我が思想界、就中其の最も遷転し易き方面を代表する青年社会の思想が、嘗ては日中の月ほども心に懸けざりし宗教といふものを引き来たッて、興味の中心とせんとするの傾向あるは、頗る注意に値すべき現象ならずや。…（略）…唯多くの人々が、此の種の文字を読み、此の種の会合に集まり、此の種の談論を聴いて、暫時たりとも、渇したる感情に水かひ得たるの情あるべきを想像するなり。[7]」

人が宗教的なものに傾斜してゆかざるをえない背景には、いうまでもなく国家権力による強要、懐柔ということもありはするが、そうではなく、近代的なるものの横行からくる平板な価値相対化、平準化に対し、人間の本来持っている生の爆発的エネルギーが耐え切れなくなる状況があることを知るべきであろう。絶対的なるものへの渇望が生れるのである。清沢満之や梁川の出現があったのは当然のことであった。

杉崎が「予が見神の実験」を公表してから梁川は一躍有名になったが、それはそれなりの根拠があった。たとえば梁川の書きものが「単なる宗教的論評ではなく、信仰告白の書であり、宗教的信念の躰達した真理を宣布する、強烈な宗教者的情勢の横溢した独自の『宗教文学』であった。[8]」という点などは、その大きなポイントである。

行安茂は梁川人気の原因をこうのべる。

「かれの見神論が注目された明治三十年代の思想は、福沢諭吉によって代表される処世哲学あるいは実利主義から宗教的理想主義へと転換しつつあった。当時の青年は処世哲学の浅薄さに満足することができず、もっと深い思想を求めていた。梁川の見神論はかれらのこの要求に答える何かを含んでいた。[9]」

富国強兵と殖産興業の線に沿って全力を尽し、そのなかで生れた、あるいはそれを支えた「哲学」というものに、若者は次第に背を向け、不安と焦燥の念にとりつかれていった。この不安と焦燥を取り除いてくれるものは、人間の内面を深く覗き込んだ思想以外にない。単なる学者、評論家風の「お喋り」ではなく、言行一致の命懸けの思想でなくてはならなかった。梁川の思想は、それに耐えうるものであると思われたのである。

梁川の「見神の実験」とは、一体いかなるものであったのか。

明治六年五月二十七日、岡山県上房郡有漢村市場新井屋に生れた綱島梁川（本名栄一郎）は、明治二十三年、高梁教会で古木虎三郎牧師より洗礼を受けた。明治二十五年、東京専門学校に入学し、文学や哲学を学んだ。大西祝、坪内逍遥などの教導を受けたのである。道徳的、倫理的理想を強く求め、それを信頼し、それに固執し、その他のいかなるものをも容認せず、といった時期もあった。明治二十八年、同大学を卒業することになるが、卒業論文は「道徳的理想論」[10]であった。「早稲田文学」の編集にあたったり、中桐確太郎、島村抱月らと「哲学会」を組織したりもしている。明治二十九年四月、梁川は最初の喀血を体験し、逗子を選んで養生することになる。同年六月に帰京するが、七月に再度血を吐いている。入院、退院、そして明治三十二年四月に喀血し、小田原にて保養することになる。同年八月に帰京。しかし、明治三十三年六月頃より病は重くなり、床に伏すこととなる。病床を学問の場とし、文筆活動を行う。

絶対的なるもの、宗教的神秘的なるものが彼を激しく誘引する。

明治三十七年に、三度にわたって「見神」を体験したと梁川はいうが、その兆は同年二月十八日の魚住影雄への葉書に見ることができる。

「ゆうべはこれまでになく明瞭に神のみ声を聞き候　わがかすかなる呼吸を通して神のさやかなる呼吸を感じ候　全世界は虚無となるとも我れは尚ほわが一個の霊魂の叫びの中に『汝は我也我が愛子也』の声を聴くを得　ねがふはこの経験の日に〱深く強くならむこと也[11]」

「見神」についての梁川の説明を聞くことにしよう。このような体験は本来文言でもってしては表現し、説明することは不可能であると、梁川は再三のべているが、しかし可能な範囲でこの刹那を書き記しておきたい気持も強いという。最初の体験は彼によって次のようにのべられている。

「最初の経験は昨年七月某日の夜半（日付を忘れたり）に於いて起こりぬ。予は病に余儀なくせられて、毎夜半凡そ一時間がほど、床上に枯座する慣ひなりき。その夜はいつもの頃、目覚めて床上に兀座しぬ。四壁沈々、澄み徹りたる星夜《ほしよ》の空の如く、わが心一念の翳《くもり》を著けず、冴えに冴えたり。爾時《そのとき》、優に朧ろなる、謂はば、帰依の酔ひ心地ともいふべき歓喜《よろこび》ひそかに心の奥に溢れ出でて、やがて徐ろに全意識を領したり。この玲瓏として充実せる一種の意識、この現世《うつしよ》の歓喜と倫を絶したる静かに淋しく而かも孤独ならざる無類の歓喜は凡そ十五分時がほども打続きたりと思ぼしきころほのかに消えたり。[12]」

二度目は、「久しぶりにて、わが家より程遠からぬ湯屋に物せんとて、家人に扶けられて門を出で[13]」た時のことであった。それは決して妄想幻想といったようなものではなく、「理智を絶したる新啓示として直覚[14]」できるものであったという。三度目のものが、この体験のなかで最高のもので、強烈にして驚異に値するものだったという。明治三十七年十二月二十九日、中桐雄太郎にそのことを次のように伝えている。

「最後の即ち先日御咄しいたし候実験が一番明瞭にインテンスに候ひき　げに我兄よこの一種無類の自覚は誰れと共にか其のこゝろを語らむ　いと静かなる孤燈の下心を澄まして何事かを書き居り候ひしに忽ちハッと思ふと共に今までの我が我ならぬ我となり筆の動く墨の紙上を走る一々超越的不可思議の大事実となって眼前に耀きたり……（略）……願はくは兄の実験をもて御推察下され度到底その万一をも伝ふる能はず候[15]」

一度目の「見神」が消極的であったのに対し、最後のそれは極めて積極的なものであったという。心は溌剌として躍動し、生命の泉はどこからともなく湧出する。自分が自分でなくなり、我即神、神秘的合一、融合である。しかし、一方で神の超越的な部分も残す。梁川はこの「見神の実験」によって、人生観の大転換をはたしたのである。かつて梁川は理性を排除した信仰は、逆信というものであり、無益なものとみなすところがあった。そのことを自ら軽卒なことであったと、次のように述懐している。

「予の理性は其の傲慢な智力的自大の態度に立って、一切の信仰を無根拠の迷信と拝し去れり。…(略)…抑々亦信仰的意識に占むる理性本来の位置如何等の問題につきては当時何等の明解をも下すことなく。苟も予が未熟幼稚なる理性の力もて解決しがたき事、若しくは理性に何等かの衝突《ショック》を与ふるものにだにあれば、予は軽佻至極にも、径ちに之れを迷信又は無根拠として払拭し去りたるや。(16)」

自ら反省しているように、梁川は理性優位の立場にながく安住することはできず、道徳、倫理、理性といったものが、どれほど傲慢で、空虚で、殺伐としていて平板で依拠できないものであるかを感じるに至った。論理的にどれほど整序されていようと、文体がいかに美しかろうと、それが内部生命の琴線に触れない限り、迷妄状態に陥っている魂の救済には結びつかず、やがては深いニヒリズム的流れに呑込まれてゆくことを梁川は知った。客観性というものは、科学発達の必要な条件ではあっても、それによって、煩悶救済とはいかず、生死の問題を根源的に解決することからはほど遠い。こういったからといって、梁川は理性の力をすべて放擲したわけではない。近代日本の「学制」のなかで教育を受け、ヨーロッパの学問の洗礼を受けた梁川である。理性の意識を次のようにものべているのである。

「かくはいへど、吾人は全く理性の権能を否むものにあらず、吾人の宗教的意識の中には、しばしば理性を雇うて芟除せざるべからざる不合理の分子の混ずることあり。此くして理性の醇化と批評とを受けて、古来宗教的意識の次第に清浄純粋となり来たれる進化のあと、歴々として指すべきものあり[17]。」

このように理性の存在理由をのべはするが、しかしその役割は大きく限定されねばならぬという。結局は次のようなところに落ち着かざるをえないというのである。

「信仰意識には純理性の見地のみを以てしては到底批評し尽くす能はざる或一種の直覚的、具象的、神秘的要素あり。信仰の対象たるべき神は、概念として理解すべきものならずして、寧ろ主として心情をもて触れ味ふべく、全人全霊を以て直観自証すべきもののたるなり[18]、」

梁川が「予が見神の実験」を誌面に公表して以来、各方面から「知識人」によるさまざまな評価が生れては消えていった。心理学、文学、哲学、教育学、精神病理学などの領域で、梁川の「見神」をめぐって議論が百出したのである。梁川の肉体的病からくる幻覚症状のような病理現象であるという評価もあれば、それはいかなる科学的根拠もない迷信であると唾棄する人もいた。また、それは主観的、詩的物語であり、どこまでいっても客観性、普遍性などに行く着くものではないといった否定的評価も多かった。当時の哲学会の権威者であった東京帝国大学教授井上哲次郎は、辛辣な言葉で梁川を攻撃している。梁川の見たという神などといったものは、いったい何なのか。それは単なる幻覚であり、錯覚ではないのか。どうして梁川はそのようなことを大胆不敵にもいい切るのか。驚くべきことだと井上はいう。井上の批判の一例をあげておこう。

「綱島氏に於ける主観的変動が、何等の変動であったか、それは我々には分らないが、其変動が果して見神の実験と称し得るものなるや否や疑はしいのであります。……（略）……実際未だ何等の社会的事業をも成さゞるに、単に一個人の病室に於ける主観的の経験に過ぎざるものを天下に鼓吹して、さうして基督の如き権威を得たやうに自負するのは、驚入ったることと云はなければならぬ、」[19]

これは「近時の宗教的傾向に就て」という評論の一部であるが、井上は「自称予言者の言論を評す」とか、「戦後に於ける我邦の宗教如何」といった評論において、梁川の「見神」というものが、主観的問題の域を越えなければ他人がとやかくいうべき問題ではないのであるが、それを客観的「見神」だと称して世の中に公表するという姿勢には、大きな問題があるとする。やはりそれは梁川の病身がもたらしたものとしか思えないという。[20] 井上以外にも多くの人が梁川の「見神」に異議を唱え、嘲笑し、罵倒している。次のようなものもある。

「洵に結構なる事にて、折角、かく信じ、かく悟れるものを、わざ〳〵まぜかへすべにあらねど、この事、迷信者には、趣味ありて、神を信ぜざる我身にとりては、幾んど、無意味也。余を以て見れば、臆病者が、幽霊を見るとか、心理上あり得べき事なると同じく、迷信者が神を見ることも、心理上、毫も怪むに足らざる事也。…（略）…なほ催眠術にても、神を見ることを信ぜべし。(21)」

冷笑、皮肉、罵倒をともなう否定的評価も多かったが、逆に梁川の体験からくるこの「見解」の意義を高く評価する人もいた。明治四十年に『見神論評』なる著を編んだ宇佐見英太郎は、本書編集の動機を次のようにのべている。

「綱島氏の見神の実験が公にせられて思想界は一段と活発になった。…（略）…吾輩はこれを日本十年の精神霊動の一精華と見る、これを今後に高調して来る内観の世界の急先鋒と見る、そしてかゝる旺盛なる信仰こそ聴て日本将来の新生命となるべきものであると信ずる、則ちこの問題は今日起って明日消えて行く一時ばやりの道楽的思想と同じ運命を持って消えてゆく問題ではない、此問題は恒久不易の問題である。これ吾輩がこの書を編んで置かうと思定めた理由である。(22)」

永久普遍のもので、新生日本の根本をなすものとなるであろうというのである。

「見神」の意味は、謙虚に、ひたすら神を慕い、全身全霊を傾注して、はじめて心情的に理解できるものであって、そういう誠意と熱意がないような人間を神は必要としない。宇佐見は

「理智」とか「意志」ではなく「心情」だと次のようにいうのである。

「理智は心躍らない、理智は命を擲げ出さない、理智は趣味とならない、涙とならない、人格とならない、意志の力は洵に盛なるものであらう、併し意志に悪戦はないか、意志に自家撞着はないか、意志に右顧左眄はないか、……（略）……理智意志皆非である、たゞわが心情を以て切に人生の意義如何と悶ひ求むるあるのみ、たゞわが心情を以て天地の奥なる神いづこと慕ひ喘ぐべきのみ、諸善の源諸業の基は、たゞ情を誠にし情を鮮にし、情を醇にして偏に神に向ふのみ、茲に見神がある。」(23)

各方面からの賛否はともかくとしても、煩悶する若者は、梁川の「見神」にいたるまでの心情を、ある確かなよりどころとして、受け入れていった。やがて滅びゆくこの肉体に鞭を打ちながら修養を積んでゆく梁川の生きざまに、若者の悩める魂はある種の不動のものを感じ取ったのである。それは一見暗黒の世界から光輝の世界に人間を導いたかに見えた近代的「知」ではなかったのである。多くの知識人たちは、近代的自我の拡大があらゆる悩み、矛盾を解決できるという傲慢さを身につけてしまった。しかし運命というようなものが、単純な計量化や分析を許しはしない。梁川は近代的「知」の限界まで登りつめ、それが欠落させていたものを埋めるべく懸命な努力をしたのである。

ところで、梁川が追い求めた「神」とは、いかなる類のものであったのか。なにゆえに、梁川は「神」を欲し、模索したのか。そしてその「見神」によって彼は何を獲得したのであろうか。

自分と隔絶した感のあった神が次第に身近かな存在になってきたと梁川はこういっている。

「予が従来の神は謂はゞ、文字上、口頭上の神なりき。いつも卑きより仰ぎ、遠きより望むの憾みのみありて、親しく之れに心参したるの感はなく、随うて神は所詮予に取りては一個の空名にして何等の生命ある活交渉をも有せざりしなり。…(略)…見神の実験は、予と神との一切の隔ての籬《まがき》を除き去りぬ。(24)」

神が自分に接近し、やがて両者の間には、いかなる壁もなく、神と自分は不断の関係となってゆく。神と共にあるということの喜びは筆舌に尽し難きもので、それは躍動を呼び、希望を生み出す。神が人間に直接し、冥合する。これは妄想でも、幻でもなく、現実なのである。梁川はこうもいう。

「予は神との不断の共在を感じ始めたり。神は予の一呼一吸のうちに、予は又神の一呼一吸のうちに、参差として無窮に生き、且つ交はりつゝあることを感じ始めたり。(25)」

神が自分に接近し、冥合してはいるが、さりとて、神には神の独自性、超越性というものがあることも彼は認める。常に尊敬の念をもって仰望し、自分と神との間には絶対的隔絶をも置くというのである。身近であって遠い存在、冥合と超越とではまったく相矛盾するではないか。

梁川はどう弁明し、説得するのか。内在することと超越することとは、なにも矛盾することではなく、両者は共存、統一可能だというのである。自分に顕現はするがその神は自分そのものではなく、超越的なものだという。梁川の説明はこうである。

「予の見たる神は、予自身を離れて、空に懸り、幻しに現はれたる類ひのものにあらずして、正さしく予自身の存在に即して内在的に顕現したるなり。この意味に於いて予の見神は凡神的也。さはれ、予の見たる神は、又全然予自身と同一なるにはあらずして、予はその刹那に於いて、我れみづからならぬ大霊の現前を驚歎し、何となく敬畏の念を抱いて之れを打仰ぎたるの意識をも併せ有したるなり。この意味に於いて、予の見神は又超神的也。[26]」

それにしても、梁川をしてこうまで神に向かわせたのものは何か。それは恐らく彼の生死の根源を問うことと結びつくはずである。どこまでいっても、並列的、相対的なものしか発見できない知的なものに梁川は飽足らず、また、日常的、世俗的欲求からも大きく離脱する。もちろん、梁川も人の子である。世俗的欲望を、はなから放擲していたわけではない。しかし病身の梁川はこの多くを断念せざるをえなかった。やがて確実に襲ってくる死と向き合いながら、彼は未来永劫に共に存在し、自分のすべてを抱擁してくれるであろう絶対的なものを強烈に希求するしかなかった。世俗的欲望がなんだ、古今東西の書から得られる知がなんだ、どれもこれも梁川には不十分なものであった。死の恐怖、反動としての永遠の生、神、これらが彼の胸中を常に支配する。あらゆる欲を捨てて神を追い求める梁川の言辞はこうである。

「吾等富を欲する乎、名を欲する乎、恋を欲する乎、知識乎、快楽乎、はた位階権勢乎、而かも此等の百欲望の充足と、我等が中心真我の要求との間には、欲然たる大いなる空虚の淵の横はれるにあらずや…（略）…吾等人の子は、辿り辿りて神に到達するまでは終に自ら息む能はざる或ものを有するなり。[27]」

絶体絶命のなかで、その運命から逃れるのではなく、その苦しみ、悲哀を勇気をふりしぼって受け止めることのなかにこそ救済の糸口があることを梁川は自分自身に納得せしめようとした。苦しくとも、悲しくともここに生きてある自分の生命のありがたきものと感謝し、あらゆることを従容として受け入れることとなった。自分を無にして神を慕うことであった。そのことは一見穏やかに見えはするが、じつは「命懸け」のことであった。もはや神のない人生は彼にはない。「人生生存の根分の原理を攫み、依りて以て不動の信念を樹立せんの一念[28]」で神を慕い、探求する彼には、もはや「文明も、真善美も、向上の努力も、道徳の完成も、人道の発展も、神なくんばすべて空の空也と感じたる也。[29]」ということになる。それだけに神を求めることは、いわば「命懸けの大事」ということになった。この「命懸けの大事」ということが、あの大哲学者西田幾多郎に強い影響を与えていたことは、前掲した宮島肇の引用文にあった通りである。
迫り来る死という絶望的状況のなかで、「命懸けの大事」であった「見神」は、梁川に何を獲得せしめたのであろうか。

明治三十八年十一月に彼は「予は見神の実験によりて何を学びたる乎」という文章を書き、学んだものの一つとして「天人父子の関係を実証することを得たり。[30]」ということをあげている。「天人父子」という言葉が正確であるかどうかはわからぬが、他に適当な用語がないのでこれを使用するのだといって次のごとくのべている。

「予は一面に於いて全く神の大実在に還没し解体したるの感を有したると共に、他面に於いては、不思議にも又予は意識のいづこかの一隅に在りて、一種驚喜と敬畏との念を以て目のあたりに件の神の現前を睹《み》たるの感を有すれば也。神は現前せり、予は神に没入せり、而かも予は尚ほ予としての個人格を失はずして在り。[31]」

次に梁川は「見神の実験」によって「神の精神的人格性」ということが証明できたという。神なるものは偉大で、広く、大きく、無限であって、人間の知などのおよぶものではないのであるが、しかし、その「超越的不可知の神が、吾人精神的人格を通じて吾人に顕現す[32]」ということがあるという。

ところで、この「見神の実験」にかけた梁川の精神のありようは、あくまでも彼個人の主観的、一方的な満足にすぎず、いかなる普遍的価値も、体制批判的姿勢も持つことなく、むしろ、国家権力側からする民衆統治、掌握のための「精神主義」の鼓吹などと、どこが違うのか、という問題が提起されてもおかしくはない。

あらゆる世俗的欲望から離脱し、ひたすら神を慕い、求めて生きる梁川は、いかなる外的圧力からも自立し、抵抗の姿勢を強力に貫いてゆく方向に進む可能性を持っているのか、それとも忍従、諦観、の「美学」へと飛翔するのか、これは重大問題である。微妙な問題、紙一重の問題がそこにはある。

梁川は「見神の実験」により、神と共に楽しみ、神と共に働き、神と共に生きてゆくことによって、究極の法悦をものにしたのであるが、この法悦の世界は自己超克、超現実の世界でもあった。問題はこの崇高なる自己超克の世界というものが、はなから国家、法、制度、組織といった類のものと無関係に存在するものであろうか。諦観といったものは、徹底的な闘いの果てに訪れるものであって、闘いもしない人間が安直に手に入れることのできるものではない。絶対的なものにすがる、大いなるものに依拠するという場合、その絶対的、大いなるものの内容が問題である。この内容が神であったり、仏であったり、宇宙であったり、はたまた国家権力であったりするのである。融通無礙の神というものは、じつに大きな危険性を内包する。この融通無礙の危険性を梁川は絶対に宿していないといえるであろうか。

かつて身を横たえていた共同体や儒教的権威が崩壊し、自我実現も中途で挫折せざるをえない環境のなかで、内部生命を激しく燃やし、人生の意義を追求するとき、人は危険を承知のうえで、それが融通無礙なものであろうとなかろうと、神秘的、宗教的、絶対的なる世界に飛翔することがある。その際、理性、合理、科学などといったものが、何故かくも無残に敗北を喫するのであろうか。なまなかな啓蒙合理主義などが横行するとき、その虚を衝いて神話的なるものが浮上してくるのは、過ぎ去った遠い昔の話ではない。

天下国家を論じ、憂国の志士たらんとすることにも、また、経済的欲望のための実利主義、功利主義といったものにも価値を認めることなく、むしろそのような傾向を軽蔑しつつ、人生の根本について熟考し、内面的充実がかなえられなければ自殺も辞さずといって身を投げたあの藤村操の華厳の滝事件（明治三十六年）は、当時の若者の一つの思想、願望、憧憬となっていた。安倍能成は当時のことを次のようにのべている。

「藤村の自殺が我々に与へた衝撃は大きく、未熟の身で人生を『一切か皆無か』につきつめて、自殺に駆られるといふ傾きの我々にあったことは事実である。…（略）…当時及びその後私より一級下の魚住影雄が、『校友会雑誌』誌上毎号人生や宗教の問題を痛烈に論じたことは前にも触れたが、魚住は藤村と相知って居り、最も多く藤村の死に動かされた一人である。[33]」

現実世界における世俗的欲望などはいうまでもなく、生命の有無さえも超越したところに存在する「思想」に生きようとする煩悶流行の時代は、梁川を必要としたのである。梁川のなかには、ある確かな魂救済のための何ものかがあった。病状の悪化、やがて直面するであろう死というものと対峙した梁川の哀しくも美しく、しかも強靭な精神がそこにはあったのである。

梁川は明治四十年九月十四日、三十四歳という若さで人生の幕を閉じた。この神秘的体験を含むところの梁川の思索は、その後、如何なる人によって、如何なる方向へ流されていったのであろうか。

注

(1) この論文は「新人」(明治三十八年七月)に掲載され、その後『病間録』(明治三十八年九月)に収録された。
(2) 杉崎俊夫「綱島梁川ノート」I『大正大学研究紀要』63、昭和五十二年、一五三頁。
(3) 『綱島梁川研究資料』II、大空社、平成七年、三二二頁。
(4) 『西田幾多郎全集』第十八巻、岩波書店、昭和二十八年、七五頁。
(5) 宮島肇『明治的思想家像の形成』未来社、昭和三十五年、一四一頁
(6) 同上書、一四五頁。
(7) 『抱月全集』第一巻、日本図書センター、昭和五十四年、二二六―二二七頁。

（8）杉崎俊夫、前掲誌、一五五頁。
（9）行安茂『綱島梁川——その人と思想』大空社、平成九年、一三四頁。
（10）杉崎俊夫はこの「道徳的理想論」を次のように評価している。「『道徳的理想論』は、キリスト教と西洋近代倫理思想との影響のもとに、彼の当初における人生観、道徳観、宗教観、その他文芸についての見解等興味ある問題を提起した処女論策であり、在郷時代以来、彼の関心事と思索との一種の契合を示す成果であった。」（「綱島梁川ノート」Ⅱ、『大正大学大学院研究論集』第二号、昭和五十三年、一六頁。
（11）『梁川全集』第九巻、大空社、平成七年、一九三頁。
（12）『梁川全集』第五巻、大空社、平成七年、二一〇—二一一頁。
（13）同上書、二一一頁
（14）同上。
（15）『梁川全集』第九巻、二二五—二二六頁。
（16）『梁川全集』第五巻、三六〇頁。
（17）同上書、一一頁。
（18）同上書、三六三頁。
（19）『綱島梁川研究資料』Ⅰ、四三五頁。
（20）当時、井上に対する批判があったことはいうまでもない。例えば原口竹次郎はこうのべている。「井上氏の綱島氏が宗教的傾向に入られた特種原因として挙げられた夫の病気云々はどうかと云ふに成程井上氏の言はれたるが如くに綱島氏の宗教的傾向が病気に依て早められ強められたと云ふことは確たる事実である、綱島氏自身も又然る由を人に告げられたと云ふ事を聞き及んで居る、然れども病気のための信仰に向ひしが何が故に悪いか、さっぱり其訳が分らぬである、宗教的信仰と苦痛とが絶大甚深なる関係を有することは昔しよりの宗教家の経験が皆一致して居る所ではないか。」（『綱島梁川研究資料』Ⅰ、五一五頁）。

(21) 桂浜月下漁郎「神を見たる文士」『綱島梁川研究資料』Ⅰ、大空社、平成七年、一七八頁。
(22) 『綱島梁川研究資料』Ⅱ、九頁。
(23) 同上書、一一頁。
(24) 『梁川全集』第五巻、四九六頁。
(25) 同上。
(26) 同上書、四八六頁。
(27) 同上書、四九二頁。
(28) 同上書、三五六頁。
(29) 同上。
(30) 同上書、二四六頁。
(31) 同上書、二四七頁。
(32) 同上書、二四九頁。
(33) 安倍能成『岩波茂雄伝』岩波書店、昭和三十二年、六二―六三頁。

主要参考・引用文献（綱島梁川の著作は省略）

西田幾多郎『西田幾多郎全集』第十八巻、岩波書店、昭和二十八年。

三枝博音編『日本哲学思想全集』8、平凡社、昭和三十年。

宮島肇『明治的思想家の形成』未来社、昭和三十五年。

古川哲史・石田一良編『日本思想史講座』8、雄山閣、昭和五十二年。

杉崎俊夫「綱島梁川ノート」Ⅰ、『大正大学研究紀要』63、昭和五十二年。

杉崎俊夫「綱島梁川ノート」Ⅱ、『大正大学大学院研究論集』第二号、昭和五十三年。

島村抱月『抱月全集』第一巻、日本図書センター、昭和五十四年。

島村抱月『抱月全集』第二巻、日本図書センター、昭和五十四年。

石川啄木『石川啄木全集』第四巻、筑摩書房、昭和五十五年。

行安茂『綱島梁川――その人と思想』大空社、平成九年。

早稲田大学社会科学研究所、日本近代思想部会編『近代日本と早稲田の思想群像』1、早稲田大学出版部、
昭和五十六年。

渡辺和靖『増補版・明治思想史――儒教的伝統と近代認識論』ぺりかん社、昭和六十年。

『綱島梁川研究資料』Ⅰ・Ⅱ、大空社、平成七年。

七——忠臣蔵 雑考

小林秀雄が昭和三十六年に、「忠臣蔵」に関する文章を書いている。私はこの小林の文章に強い関心を持った。

日本人の思想を検討しようとするとき、これは、かなり重要な意味をもっている。

昭和三十六年という時代背景のなかで、「忠臣蔵」を一笑に付すような雰囲気があるが、これはおかしいという小林の発言に、私は興味をもつのである。

例えば、文化という点に関して、尾形光琳、俵屋宗達が尊重されて、「忠臣蔵」がいいかげんに扱われるということは面白くないと小林はいうのである。

彼は次のようにいう。

「近頃の学校の歴史でも、又、最近広く読まれた日本史などを見ても、この事件は、歴史家によって全く軽んじられているように見える。どうも気に食わぬ想いがしている。これも亦不思議だ。文化を重んずるという建前から、例えば、元禄時代の歴史では、光琳宗達を語らねばならぬ、とする。それはよいが、討入より光琳宗達を重んずるという事になれば、これは筋が通るまい。なるほど光琳宗達の出現は、重要な文化的事件であり、その影響するところは、人々の思想の上にあった、これはわかり切った事だ。それなら、討入事件も亦一種の精神的事件であり、その人々の思想に与えた甚大な影響力は、光琳宗達などの比ではない、という事が、何故わかり切った話ではないのか。」（小林秀雄『考えるヒント(2)』文藝春秋、平成十九年、一〇一―一一一頁）

小林は、この赤穂の事件が歴史的社会的大事件だといっているのではない。この事件によって、なんらかの社会変動があったというのでもない。そういう意味では、じつにつまらぬ事件だといっているのである。

「事件は、極くつまらぬ事から起った二人の武士の喧嘩に始り、決着のつかなかったところを、人数を殖やした大喧嘩で始末をつけたというだけの事だ。」（同上書、一一一頁）

問題は、この事件の後、多くの浄瑠璃や歌舞伎などで演じられたということだという。たしかに、小林のいうように、この事件のあと、十二日後には、はやくも歌舞伎『曙曾我夜討』が江戸中村座で上演されている。これは、また後でのべるが、鎌倉時代の曾我兄弟の父の仇討にかこつけたものである。これは幕府によって三日で上演が禁止されたものである。三年後の宝永三年（一七〇六）には、近松門左衛門の脚本で、浄瑠璃『碁盤太平記』が、そしてその後、数々のこの事件に関するものが書かれ、語られ、演じられた。

松の廊下の刃傷事件より四十七年目の寛延元年（一七四八）には、竹田出雲、三好松洛、並木千柳の合作、人形浄瑠璃『仮名手本忠臣蔵』が、大阪竹本座で演じられた。歌舞伎化され、江戸においても大人気となる。

私は、また、小林の次のような主張にも注目しておきたい。史実についてのことである。

「風さそふ、花よりもなお我はまた、春の名残りを如何にとかせん」

この歌は浅野内匠頭の辞世の句とされるものであるが、この歌が浅野本人のものであるかどうかなど、どうでもいいことだという。小林はこういう。

「辞世は、彼の心的な或る史実の伝説である筈だ。屁理屈めいた事を言うようだが、史実自体は何んの意味も持たぬものだ、という事をはっきり考へて欲しいというより外他意はない。」（同上書、二〇頁）

ここでは、小林は浅野の辞世の句についていっているのであるが、これは彼が、「忠臣蔵」全体についていっているのだと思う。

話を元に戻すが、なぜ日本人はこの「忠臣蔵」に強い関心、興味をもつのであろうか。

小林の主張から離れるが、日本人は祟りの思想が好きだ。祟りというものは、人間の想像を超える。一瞬の場合もあれば、気の遠くなるほど長期にわたることもある。どうぞ祟らないで欲しいとお願いする人々にたいし、容赦なく祟りは襲いかかる。

人知を超えたところに生起するものであるから、予想も備えも不可能である。科学も、理性も、合理もない。あるのは恐怖だけである。

崇徳上皇や菅原道真の祟りは、後述するとして、とりあえず、赤穂の事件を考えておきたい。

赤穂の事件は、江戸城松の廊下の刃傷事件からはじまる。元禄十四年（一七〇一）三月のことである。

徳川幕府は、毎年のことであったが、朝廷に年賀の挨拶のため、使いを出していた。そして、そのお返しとして朝廷は、使者を江戸城におくることになっていた。吉良上野介義典や浅野内匠頭長矩が命ぜられたのは、京都から下向した勅使、院使の接待であった。このセレモニー全般をとりしきるのが吉良で、饗応役の一人が浅野であった。

赤穂事件の発端は、この吉良と浅野の喧嘩であった。松の廊下で、留守居番の梶川与惣兵衛頼照と吉良が立ち話をしているところに、いきなり浅野が接近し、吉良に斬りつけた。吉良がふり返るところ、浅野は再び斬りつけたという話である。

この刃傷事件を知った五代将軍徳川綱吉はどうしたか。すべては電光石火のごとく処理された。一方的に吉良を斬りつけ、殿中を血で汚したのは浅野で、迷わず綱吉は切腹を命じた。吉良はいかなる責任もなし、とした。徳川時代の不文律としてあった喧嘩両成敗ということにはならなかったのである。

赤穂城はとりつぶしになり、家臣は失業ということになった。

この松の廊下事件というものは、いろいろな点で不思議なところがある。そもそも、この事件がなぜおきたのかも、憶測の域を出ない。想像たくましい理由が作為されてきた。

いくつかの例をあげておこう。
(1) 指導者であった吉良にたいして、指導される立場にあった浅野が、それ相応の謝礼をしなかった。そのために吉良は浅野に冷たくあたった。
(2) 赤穂は塩の生産地として有名であり、その製法を知りたかった吉良に、浅野は藩の機密だという理由で、教えなかった。そのため吉良は不機嫌になった。
(3) 浅野の妻が美人で、吉良は彼女に横恋慕していた。
(4) 浅野は短気で、かんしゃくもちで、その日は体調を崩していた。
どれもこれもうわさの域を出ないものばかりである。吉良が貪欲な人間であり、意地悪人であり、横柄人であったという評価が生れたのは、それなりの理由があったのかもしれないが、そういう評価を拡大、強調したのは、浅野を善人とし、話を面白くするための作為であったようにも思われる。

吉良が浅野にたいして、どの程度の意地悪をしたかなどについては、確かな証拠もない。浅野の切腹には、吉良に責任があるというのは、のちの歌舞伎の作者や講釈師たちによってつくられ、拡大されたところが多分にあったろう。いま、私は史実がどうであったかを問うているのではない。吉良は無罪で、浅野は切腹という事実があるだけである。そして、語り継がれてきたのは、浅野や赤穂浪士にたいする同情である。そして、さらにいえば、浅野や浪士の怨霊にたいする恐怖の念であった。

喧嘩両成敗をとらず、浅野に切腹を命じたのは、吉良ではなく徳川綱吉である。この綱吉にたいして、浅野らの怨霊が祟らぬはずはなかろう。怨霊には地震や雷がつきものである。切腹から少し時間は経過しているが、元禄十六年（一七〇三）十一月二十二日、関東に大地震があった。元禄の大地震と呼ばれるものである。

丸谷才一は、この地震について、こうのべている。

「元禄十六年（一七〇三）十一月二十二日の夜、関東に地震があって、江戸城の石垣が崩れ、櫓や多門（城の石垣の上に築いた長屋造りの建物）が数多く倒れた。江戸市中の被害ははなはだしく、相模、安房、上総では津波に襲はれた。箱根は山崩れで道がふさがり、箱根以東の東海道の宿《しゅく》はほとんど全滅した。余震はなほ長くつづき、慶安二年（一六四九）以来の大地震だなどと言はれたのである。」（『忠臣蔵とは何か』講談社、昭和六十三年、六九―七〇頁）

木下順庵に学び、徳川六代将軍、家宣、七代将軍、家継に仕え、幕政を補佐し、文治主義の政治を推進しようとした新井白石が、この地震の恐怖について、次のように記している。

白石、四十七歳の時のことである。

「我はじめ湯島に住みし比、癸未《みずのとひつじ》の年、十一月廿二日の夜半過《よわすぐ》るほどに、地おびたゝしく震ひ始《そめ》て、目さめぬれば、腰の物どもとりて起出《おきいず》るに、こゝかしこの戸障子背たふれぬ。妻子共のふしたる所にゆきて見るに、皆〳〵起出たり。」(『折たく柴の記』松村明校注、岩波書店、平成十一年、一〇七頁)

「かくて、はする程に、神田《かんだ》の明神《みょうじん》の東門の下に及びし比に、地またおびたゝしくふるふ。こゝらのあき人の家は、皆々打あけて、おほくの人の小路《しょうじ》にあつまり居しが、家のうちに灯《あかり》の見えしかば、『家たふれなば、火こそ出《いず》べけれ。灯うちけすべきものを』とよばはりてゆく。」(同上書、一〇八頁)

「神田橋のこなたに至りぬれば、地またおびたゝしく震ふ。おほくの箸を折るごとく、また蛟の聚《あつま》りなくごとくなる音のきこゆるは、家々のたふれて、人のさけぶ声なるべし、石垣の石走り土崩れ、塵起りて空を蔽《おお》ふ。」(同上書、一〇九頁)

綱吉は驚愕したにちがいない。国家社会の安全祈願を可能なかぎり、各方面に命じている。綱吉を動揺させたのは、天変地異だけではなかった。彼の身辺にも次々と不幸が生じたのである。宝永元年（一七〇四）には、紀伊の徳川綱教に嫁いでいた娘の鶴姫が死んでいる。翌年には生母桂昌院が死亡。宝永六年（一七〇九）には本人が他界している。

さきの大地震に続いて、宝永四年（一七〇七）十月四日には、マグニチュード八・四という大地震がおきている。

浅野の祟りが、その激しさを増していると、多くの人が想像したにちがいない。浅野の真の敵は吉良ではなく、綱吉だったのである。吉良を殺すことによって、綱吉を呪詛するということだった。この際、浅野が吉良を斬りつけた理由など、どうでもよいのであって、問題は喧嘩両成敗にせず、浅野に切腹を命じた綱吉だったのである。

浅野は綱吉にたいして、なにもいってはいない。むしろ、自分のとった行動は、間違っていたにもかかわらず、斬首ではなく、名誉ある切腹を命じられたのは、ありがたいことだといっている。綱吉のことを表面に出さず、吉良を討ったことに、赤穂事件の深淵があるように私は思う。

人間が不気味さを感じるのは、ことの真相がはっきりしないところである。つまり、光の届かぬ奥の奥にかくされているものの存在に恐怖を感じるのである。

丸谷才一は、松の廊下に刃傷事件について面白い発言をしている。

「理解できるのは、浅野内匠頭がなぜ吉良上野介を殿中《でんちゅう》で刺さうとしたかではなく、さういふ愚行を犯した彼なのに愛想つかされず、どうして復讐をしてもらへたか、といふことなのだけれど。わたしの考へ方では、あれはどう考へても納得のゆかない怒り、わけのわからない逆上、理由不明の取り乱し方だったからこそ、かへって逆に人々の畏怖の念を強めたのだった。どうしてあんなことをしたのか、狐につままれたやうな思ひだったからこそ、その怨霊は恐れるに足りたので、なぜ憤激したのかあっさりわかるのでは、荒人神としての凄味がきかなかったらう。」(『忠臣蔵とは何か』、七六頁)

浅野はすでに御霊神になっているのである。御霊神になる資格があるように、つくられたのである。こうなれば、どのような強力な権力も、支配力も彼の霊に勝つことはできない。ただ、祈るだけである。御霊信仰というものはそういうものである。

日本の歴史の裏側には、奇妙な歴史がある。それは死んだ人が生きている人を、また、敗者が勝者を支配するという歴史である。弱肉強食が鉄則になっている国では信じられないことである。祟りの思想といってもよい。

表舞台での勝利が、必ずしも永遠の勝利ではなく、死者はそう簡単にあきらめはしないということでもある。

谷川健一は、死者の魔が支配する歴史が日本にはあることを次のようにのべている。

「普遍的な発展の法則にしたがっている日本歴史の裏側に、もう一つの奇怪至極な流れがある。それは死者の魔が支配する歴史だ。この死者の魔は、老ゲーテの信じた肯定的なデーモン（地霊）とはちがって、否定的な魔である。それは表側の歴史にたいしては挑戦し、妨害し、畏怖《いふ》させ、支配することをあえて辞さない。死者は、生者が考えるほどに忘れっぽくないということを知らせるために、ことあるごとに、自己の存在を生者に思い出させようとするかのようだ。この魔の伝承の歴史――をぬきにして、私は日本の歴史は語れないと思うのだ。…（略）…弱肉強食が鉄則になっているヨーロッパの社会などでは考えられないことだが、敗者が勝者を支配し、死者が生者を支配することが、わが国の歴史では、れんめんとつづいている。」（『魔の系譜』講談社、昭和五十九年、一二頁）

たしかに、谷川のいうように、死者が生者を、敗者が勝者にまとわりつき、生者、勝者を安眠させないという歴史を、日本に見ることは容易である。

死者の怨霊が、勝者、生者をながく支配しつづけた第一人者として崇徳上皇をあげることに異論はないと思う。

怨恨、呪詛を原基とした反倫理、反道徳的行為を行なう強烈な霊としての崇徳上皇を見ておこう。

生れたときから、すでに不幸を背負ってしまった崇徳上皇は、父親である鳥羽天皇との間に、避けては通れぬ確執を持ってしまったのである。彼の実父は白河法皇であり、母は鳥羽の妃璋子であった。このことから、彼は「叔父子」と呼ばれていたという。五歳で一度皇位につくが、二十二歳のとき、鳥羽の策謀によって、異腹の弟で三歳の近衛に天皇の地位を奪われた。その後、崇徳は数々の辛酸をなめる。院政への望みも断たれ、新朝廷とは相容れない存在となった。ついに保元の乱（一一五六）となる。この戦いは、崇徳上皇側の敗北に終り、反後白河勢力は一掃されることになり、上皇は讃岐に配流されることになった。

この配流の地で、崇徳のやったことは、三年もかかって血のしたたる指で、五部大乗経（華厳・大乗・般若・法華・涅槃）の完成であった。この完成したものを、願はくば、しかるべき場所に納めてくれと崇徳は懇願した。『保元物語』には、こうある。

「御自筆に五部大乗経《だいじようきやう》を三年にあそばして、御室《おむろ》に申させ給ひけるは、『後生菩提《ごしやうぼだい》のために、五部大乗経を墨にて形《かた》のごとく書き集めて候ふが、貝鐘《かひがね》の音《ね》もせぬ遠国《をんごく》に捨て置かんことの、ふびんに候ふ。御許し候はば、八幡《やはた》の辺《へん》にても候へ、鳥羽か、さなくは長谷《はせ》の辺にても候へ、都のほとりに送り置き候はばや』と申させ給ひて、御書の奥に御歌を一首、あそばす。

浜千鳥跡は都に通へども
身は松山に音《ね》をのみぞ鳴く」（『保元物語』目下力訳注、角川書店、平成二十七年、二一九―

二二〇頁）

崇徳の願いは、かなえられることはなかった。彼の怒りは頂点に達し、次のような形相になっていた。

「その後《のち》は、御髪《みぐし》も剃《そ》らず、御爪《おんつめ》も切らせ給はで、生きながら天狗の御姿にならせ給ひて、」（同上書、二二二頁）

長寛二年（一一六四）八月二十六日、四十六歳の若さで、無念のうちに他界する。九年間の配流生活であった。

崇徳の遺骨をどうするか、側近の人たちは、都に指示をあおいだ。都からの回答がくるまで、死体は泉の水に沈められた。腐敗を防ぐためである。

都からの回答は、上皇の死体は白峯山に葬れとの冷たいものだった。

遺体を入れた柩は、白峯山に登り始めるが、途中、雷鳴とどろき、激しい雨に遭遇した。柩をかついでいた人たちは、休息をし、その柩を石の上に置き、雨のやむのを待った。

そのときのことである。石の上に置いた柩のなかから、突然血が流れだしたのである。崇徳が死んで二十日後のことである。石はその血で真赤に染まったという。柩をかついでいた人たちは驚き、その血で染まった石を御神体として、祠を建て、「血の宮」と命名した。やがて、白峯山の頂上で柩は荼毘に付されたが、そのときの煙は都の方向になびいたという。

上田秋成に『雨月物語』(安永五年、一七七六)という作品があるが、そのなかに「白峯」がある。このなかには、崇徳上皇の憤怒がよく表現されている。

白峯というところに崇徳の墓があると聞いて、西行法師はこの山に登る。崇徳の墓は次のようなところにあった。

「松柏《まつかしは》は奥ふかく茂《しげ》りあひて、青雲《あをぐも》の軽靡《たなびく》日すら小雨《こさめ》そぼふるがごとし。児《ちご》が嶽《だけ》といふ峻《けは》しき嶽背《みねうしろ》に聳《そば》だちて、千仞《せんじん》の谷底《たにそこ》より雲霧《くもきり》おひのぼれば、咫尺《まのあたり》をも鬱悒《おぼつかなき》ここ地せらる。木《こ》立《だち》わづかに間《すき》たる所に、土墩《つちたか》く積《つみ》たるが上に、石を三がさねに畳《たた》みなしたるが、荊蕀薜蘿《うばらかづら》にうづもれてうらがなしきを、これならん御墓《みはか》にやと心もかきくらまされて、さらに夢現《ゆめうつつ》をもわきがたし。」(上田秋成『雨月物語』、高田衛・稲田篤信校注、筑摩書房、平成九年、二三―二四頁)

西行は崇徳上皇の声を聞き、亡霊に向い、頭を地にこすりつけ、泣きながら次のように申し上げた。

「『さりとていかに迷《まよ》はせ給ふや。濁世《ちよくせ》を厭離《えんり》し給ひつることのうらやましく侍《はべ》りてこそ、今夜《こよひ》の法施《ほふせ》に随縁《ずいえん》したてまつるを、現形《げぎやう》し給ふはありがたくも悲《かな》しき御こころにし侍り。ひたぶるに隔生即忘《きやくしやうそくもう》して、仏果円満《ぶつくはえんまん》の位《くらゐ》に昇《のぼ》らせ給へ』と、情《こころ》をつくして諫《いさめ》奉る。」(同上書、三三頁)

西行の言葉を軽くあしらった崇徳は、笑いながら次のようにのべたという。

「新院呵々《からから》と笑はせ給ひ、『汝《なんぢ》しらず、近来《ごろ》の世の乱《みだれ》は朕《わが》なす事《わざ》なり。生《い》きてありし日より魔道《まだう》にこころざしをかたふけて、平治《へいぢ》の乱《みだれ》を発《おこ》さしめ、死《しし》て猶朝家《なほちやうか》に祟《たたり》をなす。見よ見よ、やがて天《あめ》が下《した》に大乱《らん》を生ぜしめん』といふ。」（同上）

さらに西行は、崇徳の霊にたずねている。あの「保元の乱」は、私憤によるものか、それとも天の命令か、と。

崇徳は血相をかえて次のようにのべた。天皇という地位は、現世で最高のものである。それを乱すようなことがあれば、天誅が下されるのは当然である。私は断じて私憤などで事をおこしたことなどない、と。

崇徳の怨霊は、次々とその威力を発揮し、味方にはこのうえなくやさしいが、敵にたいしては、鋭い恐怖を与え、多くを死滅させている。

崇りの継続期間は、気の遠くなるほど長い。百年、二百年、五百年経っても、その威力は消えない。

時代は移り、慶応二年（一八六六）、孝明天皇は、讃岐の地に眠っている崇徳の霊を、京都に移す計画をする。孝明天皇がそのことを実現することなく死去すると、明治天皇がその遺志をついだのである。

明治天皇は、慶応四年(一八六八)八月二十五日、大納言源朝臣通富を勅使として讃岐にやり、崇徳の霊を京都にむかえようとした。八月二十六日は、崇徳の命日であるが、その日は七百年祭が行われている。

勅使たちは、二十八日に坂出港を出て、九月五日に京都に着いている。

孝明天皇の遺志をついだとされる明治天皇の願いは、次のようなものであった。慶応四年といえば、戊辰戦争の年である。この戦いにおいて、崇徳の怨霊がもしも朝廷側につかず、相手側にまわったとしたら一大事。

谷川健一の説明をあげておこう。

「慶応四年といえば、ときあたかも、戊辰《ぼしん》の役の年、朝廷方は征討軍を東上させ、まさに奥羽諸藩を挑発して、一戦をまじえようとしていた。このとき、崇徳上皇の霊が、奥羽諸藩のほうに味方して官軍をなやましたとしたら、それこそゆゆしき事態になるかも分からないと、朝廷は判断した。そこで、京都に御還御をねがい、明治天皇の宣命にも、『此頃皇軍に射向い奉る陸奥出羽の賊徒をば速やかに鎮め定めて天下安穏に護り助け賜え』という結語を入れることを忘れることができなかったのである。」(『魔の系譜』、五四頁)

崇徳上皇が他界して、なんと七百五年も過ぎ去っている。それでも彼の怨霊は生き続け、崇り続けているのである。七百年も崇り続ければ、勝者が勝者ともいえず、敗者が敗者ともいえない。血を見る抗争は、星の数ほどあるが、皇位継承をめぐる闘いは熾烈をきわめる。

事実をいつわって相手をおとし入れる争いは、天皇、皇子らの歴史上、よくある話である。正義をかかげ反権力の闘いに破れた人たちの怨霊はどこまでもはかりしれない災禍をもたらす。民衆は、一方でその怨霊を恐れはするが、他方でそれを利用し、逆にときの支配権力構造にたいし、レジスタンスの武器にする。

いま一人、雷神の名をほしいままにして、怨霊のボスとなり、ついに鬼になり世間を震撼させた菅原道真をあげておきたい。道真は最後は、霊験あらたかなる神になって、民衆にも愛され、まつられることになる。

承和十二年（八四五）に生れた道真は、幼少の頃より、詩作に長じていた。三十三歳で文章博士となる。宇多天皇に抜擢され、異例の出世をしてゆく。蔵人頭となり、醍醐天皇が即位すると右大臣となる。

このときの左大臣が、摂関家出身の藤原時平であった。この藤原時平にすれば、たかだか学者であるにすぎぬ菅原道真が、右大臣とは、まったく面白くない。なんとかして失脚させたかった。誹謗中傷のかぎりをつくして、時平は道真を失脚させた。道真は大宰府に流された。大宰権師という肩書であるが、一応これは九州地方の長官である。しかし、中央からは断絶されたものであった。

太宰府での生活は次のようなものであった。

「道真の大宰府の生活は惨めであった。空家《あきや》であった官舎は、床も朽ち、縁も落ちていた。井戸はさらい、竹垣は結《ゆ》わねばならなかった。屋根は漏って、蓋《おお》う板もなく、架上に衣裳を湿《うる》おし、箱の中の書簡を損する始末であった。しかも、虚弱のかれは、健康の不調を訴えることがしばしばである。胃を害し、石を焼いて温めても効験はない。眠られぬ夜はつづき、脚気と皮膚病とにも悩まされた。」（坂本太郎『菅原道真』吉川弘文館、昭和三十七年、一二〇頁）

断腸の思いを抱いて延喜三年（九〇三）二月二十五日、この世を去った。

時平を恨みながらこの世を去った道真は、平安貴族たちを恐怖のどんぞこにおとし入れた。道真が他界してからというものは、激しい雷雨がつづく。雷の恐怖というものは、自然界の恐怖のなかでもきわだったものである。一瞬にして、巨樹を真二つに切り裂き、稲妻は大地に突きささる。耳をつんざくような雷鳴の響きに、人々は恐怖を感じ、魔性の神を思ったにちがいない。

神は雷と結びついている。

「落雷は多く巨樹の上に見られる。雷電やんで後、亭々たる巨樹が真二つに割け倒れてゐるのを見た時、古人は雷神を目して、恐るべき偉大なる鉞の所持者としたのに不思議はない。印度の最高神Indraは、雷火の鉞を振りまはすと云ふ。」（高崎正秀『金太郎誕生譚』桜楓社、昭和四十六年、二〇頁）

『日本紀略』によれば、延長八年（九三〇）、極度の旱ばつが続くので、醍醐天皇の居地である清涼殿で、藤原時平や藤原清貫らが集まって、雨ごいの話をしていたとある。突然、黒雲があらわれ、雷鳴とどろき、どしゃぶりとなり、清涼殿に雷が落ちた。

藤原清貫は即死、平希世は顔を焼き、天皇は病にふす。これはすべて道真の怨霊のしわざであるということになった。彼の怨霊は次第に激しさを増し、貴族たちはいうまでもなく、一般民衆の恐怖も年々強まった。

この段階で、道真の怨霊は、体制継続側の倫理規範からいえば、いうまでもなく、反倫理的行為であり、許されないものである。

しかし、注意する必要があるのは、この道真の怨霊は、究極的なところ、天皇制にたいして、矢を放っていることになるかどうかということである。天皇制にたいし、敵対しているように見えるが、最終的に、道真の霊のパワーというものは、天皇制の体内に吸収され、その体制を維持、強化するのに役立っているとは考えられないか。道真の怨霊は最終的にどこに向ったのか。

藤原時平、およびその関係者にたいし、激しい怒りを発揮する道真の霊も、天皇制そのものにたいしてはどうか。

天皇制というものは、捕え所のないもので、政治と宗教という二つの世界を巧妙に渡り歩き、本質を顕在化させない。

天皇制が風雪に耐え、長期にわたり維持されている裏には、そういった複雑な構造があるからである。

農耕民族の祭主としての天皇は、政治の世界で、いかなる責めを受けようとも、決して滅びない仕組みになっている。道真の敵が時平に限定されてゆき、天皇制は無傷のままでいられる状況を次のように説明する人がいる。

「道真の場合にあきらかなように、責任は全て藤原時平へいき、天皇そのものには傷がつかない。むしろ天皇はそこで時平を支持する側からあるいは時平の書いた政治的筋書きに署名した立場から、方向転換をして、荒ぶる道真の霊をなぐさめ、その災害から民衆を救うための祭主の立場に立つのである。…（略）…伝説の中で道真の霊に対応するのは、僧侶であり、神官であり、最終的には天皇である。天皇はいわば政治的な面と宗教的な面をもった両棲類であり、責任を追求されるとたちまち宗教的な次元へかくれてしまう。…（略）…しかもここで大事なことは天皇が道真の霊には敵対しているようであるが、そうみえるのは政治的な次元のことであって、宗教的な次元では荒ぶる霊とそれを祭る祭主というような形になって、必ずしも対立してはいないということである。」（渡辺保『女形の運命』紀伊国屋書店、昭和四十九年、三九―四〇頁）

祖先崇拝が天皇制の精神的基盤になっていることは、民俗学的研究などによっても明らかなことで、わかりやすい。しかし、怨霊の恐ろしさが、王権を最終的に支えるものとなるということは、そう簡単に理解できるものではない。

しかし、この怨霊もいつの日にか和霊となり、天皇制と手を結び、その安定性を確保することは、実に奇妙な精神史ではないか。

理不尽な虐待、追放を受けて、ついに葬り去られた人たちの怨霊のもたらしたものについて、少し見てきた。この怨霊の怒りは、個人の領域をこえて、社会全体にまでおよぶこともある。この怨霊の怒りを鎮めようとして、数々の鎮魂の儀がとりおこなわれてきた。怒れる怨霊を鎮めるための信仰を御霊信仰という。

この御霊信仰と忠臣蔵の関係を強力に主張した人に丸谷才一がいる。彼の主張を少し見ておきたい。

忠臣蔵を基底で支えているものは、武士道などではなく、土俗信仰の一つである御霊信仰だという。御霊信仰こそが忠臣蔵の本質だという。

赤穂事件と鎌倉時代の曾我兄弟にある仇討事件とのつながりを、丸谷才一は繰り返し指摘している。どちらも御霊信仰が根本にある。これらは身近な死者の霊をなぐさめるために立ち上った事件であるという。

丸谷は、赤穂事件そのものが、曾我兄弟の仇討という歌舞伎などの影響であると、次のようにいう。

「あの事件はもともと江戸の曾我ばやりのせいで起ったものだった。『歌舞伎年表』によれば、元禄元年（一六八八）正月の江戸三座、つまり中村座、市村座、山村座はいづれも曾我狂言、三月の三座も曾我で、これ以後、元禄期の江戸歌舞伎はほとんど毎年のやうに、そして多い年には何度も曾我物を出してゐるし、これに記載もれが加はることは言ふまでもない。……（略）……とにかくあの十数年間、江戸の人々の心は、英雄の規範としての曾我兄弟によって染《そ》められてゐた。十郎と五郎をぬきにしてあの時代を考へることは、富士の見えない江戸の街を思ひ描くやうなものなのである。」（『忠臣蔵とは何か』、二五―二六頁）

赤穂事件の主役たちが、吉良上野介を殺害しようと思ったとき、なによりも先に彼らの頭に浮んだのは、曾我兄弟の顔だったと、次のようにいう。

「赤穂の浪士が仇討を思ひ立ったとき、彼らの心に浮んだ先例は曾我兄弟だった。あるいは曾我兄弟しかなかった。これは断定して差支えないやうな気がする。人生論的な古典主義といふ点でも、実際的な手引きとしても、これ以外にはあり得なかったらう。」（同上書、六三頁）

丸谷はこんなふうにもいう。

「充分に考へた上か、それとも直観的に思ひついたのかはともかく、赤穂の浪士が自分を曾我兄弟になぞらへてゐることは、当時、誰にもわかってゐた。そして仇討を志す彼らのうち、読書の癖《へき》のある者が、『曾我物語』を読んだ、あるいは読み返したに相違ないことは、これも容易に見当がついた。」（同上書、六五頁）

「赤穂の浪士が曾我兄弟に範を取ったことは、元禄の事件と建久の事件とをくらべればはっきりする。まるであぶり出しのやうに相似点が浮びあがるのである。」（同上書、六六頁）

丸谷はこれほどまでに赤穂の事件が、曾我兄弟の仇討に似ているというのであるが、その曾我兄弟、『曾我物語』とは、いったいいかなるものであるのか。その概略を知っておきたい。主役である十郎、五郎兄弟の仇討は、次のような背景からはじまる。

安元二年（一一七六）十月のことであるが、平治の乱で敗北を喫し、伊豆に配流されていた源頼朝を慰めるため巻狩が催された。集まった武士たちは、武蔵、相模、伊豆、駿河の者たちであった。

巻狩が終わり、武士たちは相撲をとったり、狩りの成果で酒宴を楽しんだ。宴も無事終わり、一行は帰路につく。その時、事件は起きた。

宴を楽しみ、馬上の人となった伊豆の豪族伊東次郎祐親、その息子河津三郎祐泰に、どこからともなく矢が飛んできて、祐泰に命中した。彼は落馬し、その場で命を失った。

『真名本・曾我物語(1)』にこうある。

「安元弐年丙申神無月十日余りの事なるに、河津三郎助通、生年《しやうねん》三十一にて八幡三郎が手に懸り、伊豆の奥野の口、赤沢山の麓、八幡と岩尾山との峪《すそ》、児倉追立《こがくらおつたて》と云ふ巌石にて、露の命の消えけるも、乃往過去《ないわうくわこ》（前世から）の約束、流来生死《るらいしやうじ》（迷いの世界を生れかわり死にかわりする境遇）の有様、思ひ遣るこそ悲しけれ。そもそも、父伊藤次郎助親は、我が身も疵《きず》を被《かうむ》りながら、子息が伏したる処に寄りつつ、『いかにや。大事の手（重傷）か』と問ひけれども、左《と》にも右《かく》にも物をば云はざりけり。」（『真名本・曾我物語(1)』青木晃、池田敬子、北川忠彦他編、平凡社、昭和六十二年、六九頁）

工藤祐経にいわれて八幡三郎が殺した河津三郎祐泰は、まだ三十一歳の若さで、五歳と三歳の男の子がいた。のちの十郎と五郎である。

伊東と工藤はもともと同族であったが、いつの間にか領地争いが生じていた。河津三郎の妻の悲しみはたとえようもない。悲しみながらも彼女は、二人の子とお腹のなかにいる子に、父の仇を討ってくれと頼む。

「三歳になりける筥王は少《をさな》ければ、これをば聞きも知らで、ただ母の膝の上に手遊《てすさ》びして（手で物をいじって）楽しみ居たりける。五歳になる一万は、父が空しき死屍を嗜々《つくづく》と守《まぼ》らへて（じっと見つめて）両眼に涙を雑《ざつ》とぞ浮べける。」（同上書、七四頁）

この時点で、すでに十郎、五郎の仇討の歴史は、始まっている。

河津三郎の妻、満江は、夫の四十九日を待って、仏門に入り、尼になる決心をしていた。それはそれでよいとしても、残された子どもたちはどうなるのか。このことを案じた河津三郎の父祐親は、満江に縁談をもってきた。相手は祐親の甥にあたる曾我太郎祐信で、武人であった。祐信は満江たちをあたたかく迎え入れたという。

伊豆に配流されていた源頼朝は、妻の父である北条時政の強い援助もあって、東国を制圧し、鎌倉に政権を樹立した。

曾我兄弟の祖父伊東祐親は、頼朝と敵対することになり、ついに自殺。一方、兄弟の仇討の的である工藤祐経は、頼朝の厚い支援を受け、鎌倉幕府の一人の有力者になる。このにくき工藤祐経を曾我兄弟は、虎視眈々とねらうのである。

建久四年（一一九三）、いよいよそのときがきた。この年の五月に、頼朝らは富士の裾野で狩りに興じた。多くの武士が参加したが、当然のことながら、そのなかに、工藤祐経の姿があった。そして、この祐経を長年ねらっていた、十郎、五郎兄弟もいた。討つ機会はなかなかめぐってはこなかったが、五月二十八日の深夜にそのときがきた。兄弟二人は、ついに工藤祐経を殺害した。兄十郎はその場で討たれ、弟五郎は捕われの身となった。

頼朝は弟五郎に次々と尋問するが、ついに次のような言葉を発する。

「鎌倉殿この由を聞《きこ》し食《め》されて、『これ聞き候へや、各々。哀れ（あっぱれ）男子の手本や。これ程の男子は末代にもあるべしとも覚えず。…（略）…種姓《すじやう》高貴にして心武き者なれども、運尽きて敵のために執《と》（捕）られて後は、（命を助かろうとして）心も替り諂《へつら》ふ詞もあり。（それなのに）この者は少しも陋臆《わるびれ》たる事もなし。これを聞かむ輩はこれを手本と為《な》すべし。陋臆《わるびれ》たる者千人よりかやうの者一人こそ召し仕はめ。助けばや』と仰せらるれば、」（『真名本・曾我物語(2)』笹川祥生、信太周、高橋喜一他編、福田晃解説、平凡社、昭和六十三年、二一〇頁）

この曾我兄弟の仇討は、日本人の深層心理に深くくいこみ、ながい間継承されていったのである。このことと、赤穂事件とを比較して、坂井孝一は次のようにのべている。

「曽我兄弟の敵討ちは、日本人の心に深く根づいていったのである。河津三郎の非業の死に始まった一つの悲劇が、曽我兄弟の敵討ちという新たな悲劇を生み、敵討ちという悲劇が兄弟を英雄に仕立て上げていったともいえよう。今日、敵討ちといえば、赤穂浪士の討ち入り、いわゆる忠臣蔵を思い浮かべる人が多いであろう。しかし、その歴史の長さ・文化的な広がりという点では、曽我兄弟の敵討ちの方がはるかにまさっている。」（坂井孝一『曽我物語の史実と虚構』吉川弘文館、平成十二年、四頁）

ところで、作者不詳の曾我兄弟の仇討事件をテーマにしたこの物語は、多くの人間の関心をひいたのであるが、いったいこの物語は、どちらの方向を向いているのか。

赤裸々に反源頼朝色を出してはいないが、兄弟が工藤祐経を討つということは、鎌倉幕府にたいする前哨戦とはいえないか。このことに触れて丸谷が次のようにのべている。

「在来の『曾我物語』解釈にとらはれず素直にテクストと向ひ合へば、無名の作者をあやつって筆をとらせたものが体制と権力への怨みだったことが、ごくあっさりと見て取れるはずである。…（略）…すなはち政治論的な層で言へば、『曾我物語』とは、意識下によどむ真の敵（源頼朝）を討つかはりに意識の表面にある贋の敵（工藤祐経）を討つ、不発に終った『謀反』の叙事詩であった。」（丸谷、前掲書、四三—四四頁）

建久四年（一一九三）のこの事件があったあと、次々と源側に死者が出ている。頼朝、頼家、実朝と続いて他界し、やがて源氏は滅ぶことになる。この歴史的事実を見て、多くの人が、曾我兄弟と深いかかわりがあると思ったとしても、不思議はない。曾我兄弟の霊を丁重に取り扱わねば、とんでもない災難が発生し、多くの人が不幸に陥いるであろうことが予測されたのである。それはちょうど崇徳上皇や菅原道真の場合がそうであったように。

いつの世にあっても、権力というものは、闇を恐れ、嫌う。闇のなかで生きるえたいの知れないものに、異常な神経をつかうのが権力というものである。いつ、どこで襲ってくるかわからない悪鬼うごめく闇の世界に権力は戦慄する。

先に取り上げた崇徳上皇、菅原道真、曾我兄弟、浅野内匠頭らの怨霊の恐怖におののいて、その怨霊を鎮めるために、権力は可能なかぎりの丁重さでもって、処するのである。

一度は昼や光が闇を支配することが正義だという神話をつくるが、それが誤りであったことを告げるのである。

いかなる支配権力も、被支配者たちを完全に打ち負かすことはできない。そして、一度敗北を喫した敗者、死者も、〝いつの日にか〟と反逆の機会をねらっている。

理不尽な死を強要された人たちの怨霊は、自分が納得するまで、けっして成仏することはない。栄華の世界で、快楽にふける勝者、生者にたいし、呪詛を内面に宿しながら、彼らを執拗に苦しめる。その場合、敗者、死者の多くは鬼となる。天下の大道を正すには、純粋無垢で権謀術数にたけていない鬼とならざるをえないのである。

苦渋の日常を余儀なくされている多くの民衆にとっては、鬼の強力なパワーが欲しいのである。その強力なパワーによって、権力と対峙したいのである。

鬼のボスに酒呑童子がいるが、この強力な鬼を退治したとされるのは、歴史上実在する源頼光である。「酒呑童子伝説」が、英雄による鬼退治の話であることはいうまでもないが、一般民衆が英雄とされる頼光よりも酒呑童子の方に軍配をあげるのは何故か。

同じ鬼に関する伝説であっても、「御伽草子」と「桃太郎伝説」とでは、鬼にたいする目線が違う。「桃太郎伝説」では、桃太郎はどこまでも正義であり、鬼が島の鬼は悪で、期待も同情もされない。「御伽草子」の酒呑童子も悪は悪であるが、なぜか、民衆の目はやさしく、同情的である。

今日も、大江町では毎年十月の最後の日曜日に、鬼の祭りが執り行われている。

金銀財宝を盗み、娘をかどわかすとされる憎き鬼を、いま、なぜ蘇らせようとするのか。逆に、なぜ鬼を滅ぼした頼光のお祭りはないのか。いま、必要なのは、鬼の復活ではなく、鬼を征伐した頼光の顕彰であり、活用ではないのか。しかし、そうはなってはいない。

大和岩雄が、桃太郎と酒呑童子の話の間に、鬼をめぐって次のような違いがあることを指摘している。

「このちがいは、桃太郎譚が一般の定着農耕民の昔話・民話なのに対し、酒呑童子譚が謡曲を原型とすることによる。『大江山』の作者（世阿弥または宮増）らは、室町幕府御用の芸能者だが、彼は漂泊芸能民の頂点にいた存在で、同類の多くは、天皇の『オオミタカラ』といわれる定着農耕民から差別されていた。彼らは、謡曲で『山育ち』といわれる酒呑童子と、五十歩、百歩の存在であった。その彼らが作った話だから、平地の公民たちによる桃太郎譚と比べて、鬼への思いが違うのである。」（大和岩雄『鬼と天皇』白水社、平成四年、一二四頁）

大和は鬼を厳しく見る農民にたいし、漂泊民は甘いというのである。たしかに、作者がどこに立っているかによって、生れる作品が、それなりの色合を持つのは当然であるが、それがいかなる人々によって語りつがれてゆくかが、これまた、きわめて重要なことである。

権力をにぎり、栄華をきわめる生活者の裏で、地獄のような日常を強いられ、ゴミのように放擲されてきた多くの人々にとって、鬼の怪力は、夢にまで見た憧そのものであった。現実世界では不可能な望みを、物語のなかでもいいから果したいと欲するのは至極当然のことである。

苛酷な日常に生きる多くの人々にとって、酒呑童子は親しみやすく、なくてはならない存在だった。次のような発言がある。

「何よりも考えさせられることは、江戸時代にこの酒呑童子の物語をはぐくみ育て継承したのは、支配者の側ではなく、民衆であったことである。そして鬼への怨念はあまりみられない。さまざまな呪力と強いエネルギーをもつ鬼に親しみをこめ、身を破滅させせつつ現実を生き抜いた鬼に、苛酷な封建社会に生きる民衆の心がよせられているのではなかろうか。」（大江山鬼伝説一千年祭実行委員会・鬼文化部会編『大江山鬼伝説考』平成二年、一〇九頁）

酒呑童子をはじめとする鬼たちの心情は、常に差別され、虐待され、排除され続けている民衆の心情でもあった。

貧困で、苦しく、生存ギリギリのところで多くの人は生きている。しかし、その悲哀も、不満も現実世界では実現も表現もできない。彼らの不満を爆発さす場所も時間も奪われている。いかんともしがたいこの現状を打破してくれるものは鬼以外にいない。理不尽な死を強要された人たちは、すべて鬼になって、復讐の機会を待っている。

常識的な倫理や道徳では、はかり知ることのできない反逆の行為を、これらの死者の怨霊は考えている。この世における狡知にたけた権力者どものの裏をかいて、徹底的に滅ぼしにかかる。反論の一言も許されることなく、切腹を命ぜられた人間にとっては、神も仏もない。勝者、生者を安眠させてなるものかという怨みだけが残っている。

喧嘩両成敗とはならず、一方的に切腹を強要された浅野内匠頭、その主君のために決死の行動をとった赤穂浪士への礼賛は、昭和十一年の二・二六事件の青年将校たちに寄せる礼賛に、なにか似てはいないか。

社会規範がどうであろうと、正義を貫こうとする人間は、鬼になっても純粋無垢であらねばならず、そこに権謀術数的「かけひき」があってはならない。

二・二六事件で猛烈な精神を吐露している磯部浅一の「獄中日記」を見てみよう。激しくも哀しい磯部の声が聞こえてくる。

「何をヲッー、殺されてたまるか、死ぬものか、千万発射つとも死せじ、断じて死せじ、死ぬることは負けることだ、成仏することは譲歩することだ、死ぬものか、成仏するものか。悪鬼となって所信を貫徹するのだ、ラセツとなって敵類賊カイを滅尽するのだ、余は祈りが日々に激しくなりつつある、余の祈りは成仏しない祈りだ、悪鬼になれるように祈っているのだ、優秀無敵なる悪鬼になるべく祈っているのだ、必ず志をつらぬいて見せる、余の所信は一分も一厘もまげないぞ、完全に無敵に貫徹するのだ、妥協も譲歩もしないぞ。」（「二・二六事件獄中記」『超国家主義』〈現代日本思想体系31〉、橋川文三編集・解説、筑摩書房、昭和三十九年、一六八―一六九頁）

この磯部が心から尊敬していた人物に、皇道派将校相沢三郎中佐がいた。相沢は純粋な国粋主義者であった。権謀術数にたけた統制派の永田鉄山少将が許せなかった。昭和十年八月、相沢は永田を斬殺した。いわゆる「相沢事件」である。この「相沢事件」を、あの「松の廊下の刃傷」事件だとする人がいる。佐藤忠男である。彼の文章を引いておこう。

「二・二六事件の直前に、相沢中佐という愚直な国粋主義者の将校による、軍務局長永田鉄山少将斬殺事件というのがある。永田鉄山少将は統制派のひとつの要《かなめ》に位置した人物と言われ、彼が皇道派のハネあがりを抑えるために権謀術数をろうしていると聞いた皇道派的な将校である相沢三郎が、地方の任地から台湾へ転勤になる途中、東京に立ち寄って永田少将を陸軍省内で殺したのである。これはまさに、『松の廊下の刃傷』であった。永田少将は純真な若者たちに意地悪をする老獪な権力者たちの代表であり、その意地悪に忍耐を重ねていた侍が、ついに堂々と神聖なるべき権力の殿堂のド真中で刃傷に及んだのである。」（佐藤忠男『忠臣蔵―意地の系譜』朝日新聞社、昭和五十一年、一六六頁）

相沢三郎という日本にとって、なくてはならない忠臣の徒を軍法会議にかけて死刑にしてしまう日本という国は、いったいいかなる国か。これをやってしまった日本という国家は、相沢の怨霊にしてやられ、亡国の一途をたどるであろうと磯部はつぎのようにいう。

「八月三日、中佐の命日、読経す、中佐を殺したる日本は今苦しみにたえずして七テン八倒している、悪人が善人をはかり殺して良心の呵責《かしゃく》にたえず、天地の間にのたうちもだえているのだ、中佐ほどの忠臣を殺した奴にそのムクイが来ないでたまるか、今にみろ、今

にみろ。」（磯部、同上書、一六九—一七〇頁）

磯部にとって極楽という世界はない。地獄で強烈な魔力を持った鬼となって、現体制を撃ち、逆転をねらう。誤った道を謳歌している敵を討ち、天下大道を正すためには、鬼になる以外に道はない。

現実世界に存在する、あらゆる規範、倫理、それに言葉までが、正義を排するためにあるとすれば、それに抗する道は、ただ一つ、支配体制が作為したものとは異質の絶対的基準を用意することである。

巧妙に仕組まれた陰謀によって、追放、惨殺された人にとって、春の海のごとき、おだやかで、平和な風景は要らない。

主要参考・引用文献

宮沢誠一『近代日本と「忠臣蔵」幻想』青木書店、平成十三年
佐藤忠男『忠臣蔵——意地の系譜』朝日新聞社、昭和五十一年
丸谷才一『忠臣蔵とは何か』講談社、昭和六十三年
野口武彦『忠臣蔵』筑摩書房、平成十九年
吉川英治他『七つの忠臣蔵』新潮社、平成二十八年
三田村鳶魚『横から見た赤穂義士』中央公論社、平成八年

船戸安之『赤穂浪士——物語と史蹟をたずねて』成美堂出版、昭和四十九年
山本博之『東大教授の「忠臣蔵」講義』角川書店、平成二十九年
山本博之『忠臣蔵入門』幻冬舎、平成二十六年
片山伯仙編著『赤穂義士の手紙』赤穂義士の手紙刊行会、昭和四十五年
内海定治郎『真説赤穂義士録』博美社、昭和八年
赤穂義士顕彰会『増訂赤穂義士事典』新人物往来社、昭和五十八年
谷口眞子『赤穂浪士の実像』吉川弘文館、平成十八年
小林秀雄『考えるヒント(2)』文藝春秋、平成十九年
長谷部史親編『忠臣蔵傑作大全』集英社、平成四年
『保元物語』日下力訳・注、角川書店、平成二十七年
飯田悠紀子『保元・平治の乱』教育社、昭和五十四年
坂本太郎『菅原道真』吉川弘文館、昭和三十七年
上田秋成『雨月物語』高田衛・稲田篤信校注、筑摩書房、平成九年
『超国家主義』〈現代日本思想体系31〉、橋川文三解説、筑摩書房、昭和三十九年
谷川健一『魔の系譜』講談社、昭和五十九年
大和岩雄『鬼と天皇』白水社、平成四年
『御伽草子』(下)、市古貞次校注、岩波書店、昭和六十一年
大江山鬼伝説一千年祭実行委員会・鬼文化部会『大江山鬼伝説考』、平成二年
坂井孝一『曽我物語の史実と虚構』吉川弘文館、平成十二年

新井恵美子『私の「曽我物語」』展望社、平成三十一年
『真名本・曾我物語(1)』、青木晃・池田敬子・北川忠彦他編、平凡社、昭和六十二年
『真名本・曾我物語(2)』、笹川祥生・信太周・高橋喜一他編、福田晃解説、平凡社、昭和六十三年
『曾我物語』、市古貞次・大島建彦校注、岩波書店、昭和四十一年
新井白石『折たく柴の記』、松村明校注、岩波書店、平成十一年
高崎正秀『金太郎誕生譚』桜楓社、昭和四十六年
渡辺保『女形の運命』紀伊国屋書店、昭和四十九年

あとがき

労働することへの過度の愛を狂気と呼ぶ人がいる、その人は『怠ける権利』という本を書いた。カール・マルクスの娘婿であるポール・ラファルグである。彼は労働というものが人間の本質にとって、いかなる意味を持っているかを問うている。

発言の一部を紹介しておきたい。

「資本主義文明が支配する国々の労働者階級は、いまや一種奇妙な狂気にとりつかれている。その狂気のもたらす個人的、社会的悲惨が、ここ二世紀来、あわれな人類を苦しめつづけてきた。その狂気とは、労働への愛情、すなわち各人およびその子孫の活力を涸渇に追いこむ労働に対する命がけの情熱である。こうした精神の錯誤を食い止めることはおろか、司祭も、経済学者も、道徳家たちも、労働を最高に神聖なものとして祭り上げてきた。浅はかな人間の身で、自分たちの〈神〉よりも賢くなったつもりでいるのだ。」（田淵晋也訳『怠ける権利』平凡社、平成二十年）

人間の基本的感情である怠惰願望を主張しえないように抑圧されている状況に彼は警鐘を鳴らしている。

労働こそが絶対的なもので、神聖なものだとする常識にたいし、ラファルグはラディカルな批判の矢を向けたのである。ここで大事なことは、働く人たちも、いつの間にか本能を喪失し、麻痺させられ、労働に最高の栄誉を与えてしまったことである。

いまこそ、働くことの対極にある無為、遊び、余暇といったものが、人間にとっていかなる価値をもっているかを問う必要がある。

梅棹忠夫は『わたしの生きがい論』のなかで、至言を吐いている。

そもそも人間というものは、生甲斐とか、人生の目的とかといったものをもたなければ生きられない存在なのか、どうかを問うている。企業のなかで従業員が生甲斐だと感じているものは、結局は企業が作為したものを押しつけられているにすぎないのではないかという。彼はこんなことをいっている。

「生きがい論がさかんになってきた背景を考えると、やはり企業における従業員の勤労意欲の問題がある。企業が発展するためには、その従業員ひとりひとりの士気をたかめなければならない。個々の従業員が『やる気』をおこさなければ、全体の成績はあがらない。『やる気』から『生きがい』まではあと一歩です。従業員個人がその企業においてはたらくことに生きがいをみいだすならば、企業としては大成功です。そこで生きがいの演出がはじまるわけです。」（『わたしの生きがい論――人生に目的があるか』講談社、昭和五十六年）

企業が作為した価値に従業員はいかれてしまい、それが人生の価値だと思ってしまうところに生甲斐の陥穽がある。

梅棹に「人生の目的」について語ってもらおう。

「人生の目的は何かという質問自体を、わたしは基本的に意味がないというふうにかんがえています。人生に目的なんかあるものですか。そんなものあるわけがない。人生というものは『ある』のであって、目的も何もあったものじゃない。…（略）…しいていえば、生きていること、そのことが自己目的なんですね。」（同上書）

考えてみれば私たちは、常に世間によって、人生の生甲斐とか、役に立つ人間とかを押しつけられてきた。その時その時の世間の常識のなかで、世間の奴隷として生かされてきた。

本書に登場する深沢七郎などは、人間が生甲斐をもったり、人生の目標をもったりすることは、まったく意味のないこととして投げ捨てる。人間はただ生まれ、死んでゆく。生物としての人間の究極的存在を深沢はいっているのである。

人間が十全な生き方をしていれば、生甲斐や人生の目標などは不要である。この十全な生き方を忘却し、捨て去ってきた人間は、常に生甲斐や人生の目標を探すことになる。

深沢のなかに私は鬼のようなものを感じることがある。鬼といっても羅刹や夜叉のようなものではなく、徹底的に権力に反抗するものでもない。ただ、今生の常識的世界からは大きく逸脱し、反常識、反秩序といった世界で、深い闇を引きずりながら、ひっそりと生息しているという謂である。

彼は定着することを好まず、仕事も、あれこれと転々とする。漂泊的情念とでもいうようなものをもって、常識的世界に冷酷な視線を向ける。

深沢は世間の常識からいえば、間違いなく異端者である。異端者であるがゆえに、常識人には見えない領域に接近出来るのである。

この深沢の視線こそ、いま必要だと思うが……。

昨年の七月に出版できた『農本主義という世界』に次いで、また風媒社には御世話になることとなった。編集の林桂吾さんには感謝の言葉もない。

初出一覧

序にかえて――「鬼」のはなし――酒呑童子
（原題「『鬼』のはなし―その(一)酒呑童子」『翰苑』十号、姫路大学人文学・教育研究所、平成三十年十月）
一、深沢七郎について
（原題「深沢七郎のこと」『異端と孤魂の思想』海風社、平成二十八年、大幅修正）
二、岡本太郎と縄文土器
（原題「岡本太郎と縄文の世界」『異端と孤魂の思想』海風社、平成二十八年、大幅修正）
三、竹久夢二 断章
（原題「竹久夢二と悲哀」『近代の虚妄と軋轢の思想』海風社、平成二十九年、大幅修正）
四、高山樗牛について
（『近畿大学日本文化研究所紀要』第二号、近畿大学、令和一年三月）
五、赤松啓介論
（原題「断片的赤松啓介論」『異端と孤魂の思想』海風社、平成二十八年）
六、綱島梁川と「見神」
（原題「理性と『見神』――綱島梁川」『日本近代思想の相貌』晃洋書房、平成十三年）
七、忠臣蔵 雑考
（『近畿大学日本文化研究所紀要』第三号、近畿大学、令和二年三月）

［著者紹介］
綱澤満昭（つなざわ・みつあき）
1941 年 満州（中国東北部）に生まれる
1965 年 明治大学大学院修士課程修了。専攻は近代日本思想史、
近代日本政治思想史
近畿大学名誉教授
（元）姫路大学学長

主要著書
『近代日本の土着思想―農本主義研究』（風媒社）
『日本の農本主義』（紀伊國屋書店）
『農本主義と天皇制』（イザラ書房）
『未完の主題』（雁思社）
『農本主義と近代』（雁思社）
『柳田国男讃歌への疑念』（風媒社）
『日本近代思想の相貌』（晃洋書房）
『鬼の思想』（風媒社）
『宮沢賢治の声』（海風社）
『異端と孤魂の思想』（海風社）
『近代の虚妄と軋轢の思想』（海風社）
『農本主義という世界』（風媒社）
『ぼくはヒドリと書いた。宮沢賢治 』（山折哲雄氏と共著、海風社）

カバー画＝竹久夢二／黒船屋

怨・狂・異の世界――日本思想ひとつの潮流

2020年10月26日　第1刷発行　（定価はカバーに表示してあります）

著　者　　綱澤 満昭

発行者　　山口 章

発行所　名古屋市中区大須1丁目16番29号
電話 052-218-7808　FAX052-218-7709
http://www.fubaisha.com/
風媒社

乱丁・落丁本はお取り替えいたします。　＊印刷／シナノパブリッシングプレス

ISBN978-4-8331-0587-3